도상경영

길 위 에 서 경 영 을 말 하 다

도상경영

— 최철호 지음 —

I'm

길 위에 답이 있다

인류는 농업혁명, 산업혁명, 정보혁명을 거쳐 이제 4차산업혁명이라는 또 한 번의 큰 변곡점을 맞이하고 있다. 기업이든 국가든 개인이든 공통점이 하나 있다. 그건 흥망성쇠를 거듭한다는 것이다. 그 어느 때보다 미래를 예측할 수 없는 불확실성의 시대, 투자자의 심리와 기업의 소비 형태도 모두 달라질 것이다. 그리고 일하고, 소비하고, 여행하고 모이는 방식도 달라지게 될 것이다.

그러니 이제 새로운 틀을 만들어야 한다. 하던 대로 하지 말고 누가 뭐라고 해도 당신 생각대로의 길, 즉 '일대일로'를 열어 가야 한다. 변화의 덫에 걸리지 말고 당당하게 살아남아 당신만의 성공스토리를 구축해야 한다.

생존하려면 체인지 메이킹을 해야 한다. 이 과정에서 체인지 메이커는 판을 버리고 새로운 틀을 만들어야 한다. 틀은 만드는 이가 규범이고 기준이고 표준이 된다. 이렇게 되면 재미있는 일이 많아진다. 체인지 메이커는 판을 키우거나 판을 바꾸는 일을 하는 사람이 아니라, 판을 버리고 틀을 새로 만들어 내는 사람이다. 체인지 메이킹은 나만의 플랫폼을 만들어 세상과 맞서는 게임이다.

게임의 규칙이 변하면 그 누구도 생존을 장담할 수 없다. 경영자도 예외는 아니다. 일터의 생태계(Ecology)도 변하고 있다. 이제 변화가 아니라 진화(Evolution)다. 변화에 부응하지 않으면 하루아침에 무너진다. 이젠 '로드 큐레이터(Road curator)'가 되어 속도가 아니라 밀도를, 결과가 아니라 과정을, 지식보다는 지혜의 소중함을 찾아야 한다. 필자가 수년 간 한양도성 성곽길을 걸으며 경험한 'Roadology(Road+Ology)'를 통해 생존의 길과 성장의 키워드를 찾아보기 바란다.

남이 닦은 길을 가는 건 재미없지 않은가. 두렵지만 당신이 선견(先見)하고, 선수(先手) 쳐서, 선제(先制)하고, 선점(先占)할 수 있어야 한다. 경쟁하지 않고 독점하는 것이다. 이것은 기업을 넘어 국가에도 적용된다.

이 책은 600여 년의 역사를 지닌 한양도성 성곽길에서 생존을 찾는 서바이벌 솔루션(Survival Solution)이다. 역사에 눈길을 주면 생존의 길이 보인다. 길 위에 답이 있기 때문이다. 21세기 디지털 시대는 융복합의 시대다. 당신이 힘들 때나 새로운 길을 찾을 때 이 책에서 제시하는 대로 역사에게 묻고 답을 찾아보자. 이 책은 가이드를 넘어서 당신만을 위한 필살기가 될 것이다.

우리가 지나온 역사가 곧 길이다. 그곳엔 우리의 미래도 오롯이 담겨 있다. 동서고금을 통해 변하지 않는 진실은 강한 자가 살아남는 게 아니라 살아남는 자가 강하다는 것이다. 무조건 살아남아야 한다.

흘러간 물은 물레방아를 돌릴 수 없다. 물 들어 왔을 때 노를 저어 멀리 가야 한다. 시작은 반이 아니라 전부다. 시작을 이제 시작하라!

성곽길역사문화연구소 소장
최철호

Contents

1장 생존의 길

2장 상생의 길

3장 혁신의 길

4장 미래의 길

한양도성에 얽힌 이야기

한양도성은 600여 년 전 도심의 경계를 표시하고 그 권위를 드러내며 외부의 침입으로부터 방어하기 위해 만들어진 도읍지 성곽이다. 1396년(태조5년) 백악산(북악산)·낙타산(낙산)·목멱산(남산)·인왕산의 내사산(內四山)을 따라 축조한 이후 여러 차례 개축·보수하였다. 평균 높이 약 5~8m, 전체 길이 약 18.627km에 이르는 한양도성은 현존하는 전 세계의 도성 중 가장 오랫동안(1396~1910, 514년) 도성 기능을 수행하였다.

조선시대 성벽 축조 기술의 변천, 발전 과정이 담겨 있는 한양도성은 축조 당시의 모습과 보수하고 개축한 모습까지 있어 성벽을 둘러보는 것만으로도 역사의 자취를 살펴볼 수 있는 세계유산이다.

한양도성은 약 600여 년 전 1396년 1월 9일부터 2월 28일까지 49

일간, 이어서 8월 6일부터 9월 24일까지 49일간, 모두 농한기 98일 동안 전국 백성 197,400명을 동원하여 쌓았다. 전체 공사 구간을 97 구간으로 나누고, 각 구간을 천자문 순서에 따라(天~弔) 이름 붙인 뒤 군현(郡縣)별로 나누어 공사를 진행하였다.

태조 때 처음 축성할 당시 평지는 토성으로, 산지는 석성으로 쌓았으나 세종 때 개축하면서 흙으로 쌓은 구간도 석성으로 바꾸었다. 성벽 일부가 무너져 숙종 때 대대적으로 보수·개축하였다. 성곽을 쌓으면서 일부 성돌에 공사 관련 기록을 남겼는데, 태조·세종 때에는 구간 명·담당 군현 명 등을 새겼고, 숙종 이후에는 감독관·책임기술자·날짜 등을 명기하여 책임 소재를 분명히 하였다.

하지만 한양도성은 근대화 과정에서 옛 모습이 소실되었다. 1899년 도성 안팎을 연결하는 전차가 개통됨에 따라 성문이 제 기능을 잃었다. 1907년 일본 왕세자 방문을 앞두고 길을 넓히기 위해 숭례문 좌우 성벽은 8칸씩 철거되었다. 다음해인 1908년에는 평지의 성벽 대부분이 성벽철거위원회에 의해 헐렸다.

소의문은 1914년에 헐렸으며, 돈의문은 1915년에 건축 자재로 205원 50전에 매각되었다. 광희문의 문루는 1915년에 붕괴되었고, 혜화문은 1928년에 문루가, 1938년에 성문과 성벽 일부가 헐렸다. 일제는 1925년 남산 조선신궁과 흥인지문 옆 경성운동장을 지을 때도 이간수문 성벽을 헐어버리고 성돌을 석재로 썼다. 또한 성벽에 인접하여 집과 학교를 지으며 훼손하였다. 해방 이후 도로·주택·공공건물 등을 지으며 성벽을 훼손하는 일도 있었다.

한양도성의 중건은 1968년 1·21 사태 후 숙정문 주변에서 시작되었고, 1974년부터 전 구간으로 확장되었다. 하지만 단절된 구간을 연결하는 데에만 치중하여 오히려 주변 지형과 원 석재를 훼손하는 경우도 적지 않았다. 서울시는 한양도성의 역사성을 보존하여 세계유산으로 전승하기 위해 2012년 9월 한양도성도감을 신설하고, 2013년 10월 국제기준에 부합하는 한양도성 보존·관리·활용 계획을 수립하였다.

한양도성은 현재 전체 구간의 70%, 총 13.1km 구간이 남아 있거나 중건되었다. 숙정문·광희문·혜화문을 중건하였지만 광희문과 혜화문은 원래 자리가 아닌 곳에 새로 세웠다.

600여 년간 한양도성은 서울시민의 일상생활에도 큰 영향을 주었다. 종각의 종을 쳐서 성문 여닫는 시각을 알렸는데, 새벽 4시에는 33번, 저녁 10시에는 28번을 쳤다. 새벽에 치는 종을 파루(罷漏), 저녁에 치는 종을 인정(人定)이라 했다. 성문의 개폐 시각이 도성민의 생활 리듬을 만들어갔다.

한양도성은 서울과 지방을 구분하는 경계선인 동시에 삶과 죽음을 가르는 경계선이기도 하였다. 왕이든 백성이든 생을 마감하면 반드시 도성 밖에 묻혀야 했으니, 서울 사람들에게 도성은 삶의 증표와 같았다.

 지방에서 상경하는 사람들에게 한양도성은 반가움의 상징이기도 하였다. 며칠을 걸어서 온 이들이 있었으니 먼발치에서 한양도성을 보는 것만으로도 안도감이 생겼을 것이다. 특히 과거를 보러 오는 선비들의 경우, 도성 안으로 들어가기 위해 밤낮으로 책을 읽었으니 한양도성의 의미가 남다를 수밖에 없었다. 그래서 과거 보러 온 선비들 중에는 한양도성을 한 바퀴 돌며 과거급제를 기원하는 경우가 많았다. 이는 도성민들에게도 전해져 '순성놀이'가 되었다. 유득공은 『경도잡지(京都雜志)』에서 순성놀이를 "도성을 한 바퀴 빙 돌아서 안팎의 멋진 경치를 구경하는 놀이"라고 설명하였다. 그의 아들인 유본예도 『한경지략(漢京識略)』에서 "봄·여름이면 한양 사람들은 짝을 지어 도성 둘레를 한 바퀴 돌며 안팎의 경치를 구경한다"고 적었다.

 한양도성은 일차적으로 서울과 지방을 나누는 경계였으나 이 둘을 하나로 묶는 매개체 구실도 하였다. 도성 안에서는 채석이 금지되었기 때문에, 성을 쌓는 데 필요한 돌은 모두 도성 밖에서 조달하였다. 성벽은 백악산·낙타산·목멱산·인왕산의 능선 위에 쌓았으나, 그 돌들은 도성 밖 구릉지에서 나온 것이었다. 한양도성은 이렇게 내사산과 외사산을 연결하고, 도성 안과 성저십리를 통합하였다.

 한양도성을 중심으로 도성방위 체계도 완성하였다. 그러나 한양도성은 방어 시설로는 제구실을 하지 못하였다. 임진왜란, 병자호란 등의 외침에 도성을 지키기 위한 전투가 벌어진 적은 없었다. 왕을 비롯한 지배층은 도성을 버리고 힘없는 백성만 남아 고초를 겪는 일이 되풀이되었다. 백성들 사이에는 "애써 성을 쌓아 봤자 무슨 소용이냐"는 불평이 나올 만도 하였다. 1751년(영조27년) 9월 11일, 영조는 "도성을 지키는 것은 백성을 위한 일이다. 변란이 일어나면 내가 먼저 성 위에 올라 백성과 함께 싸우겠다"는 내용의 〈수성윤음(守城綸音)〉을 반포하여 도성을 사수하겠다는 각오를 밝혔다. 더불어 도성민들에게 각각 담당 구역을 정해주고 유사시에 무기를 들고 맡은 구역을 지키게 하였다. 도성민을 주체로 하는 도성방위 체계가 완성된 것이다.

한양도성은 산성과 평지성을 함께 쌓는 축성 체계와 기법을 계승 발전시킨 성이다. 한양도성은 궁궐을 둘러싼 궁성, 도성을 보호하는 탕춘대성·북한산성·남한산성과 함께 중요한 성곽이다.

한양도성은 축조된 뒤에도 여러 차례 보수·개축되었다. 성벽에는 이러한 개·보수의 역사가 남아 있다. 성돌에 새겨진 글자들과 시기별로 다른 돌의 모양을 통해 축성 시기와 축성 기술을 알 수 있다. 그런 점에서 한양도성은 그 자체로 지붕 없는 박물관이다.

한양도성은 친환경적인 인공 구조물이다. 산을 손상시키지 않고 지형을 따라가며 성을 쌓았다. 자연을 존중하는 것은 우리 민족의 전통이다. 이렇게 쌓은 성은 세월의 흐름에 따라 자연의 일부로 자리 잡았다.

한양도성은 현존하는 세계의 도성 중 규모가 크고 역사가 오래되었다. 천만 인구가 거주하는 대도시에서 옛 성곽이 남아 있는 경우는 드물다. 훼손된 구간이 있지만, 현재 전체의 70%가 옛 모습으로 정비되고 있다.

한양도성은 유네스코 세계유산에 다시 도전하고 있다. 한양도성을 세계유산으로 등재하고자 하는 것은 서울의 상징을 후손들에게 물려주겠다는 다짐이다. 한양도성이 유네스코 세계유산이 되는 날이 가까워지고 있다.

도상경영 수업의 시작

매달 열리는 CEO 조찬 모임엔 재계는 물론 대기업, 중소기업 CEO들이 인산인해를 이룬다. 참석자들은 명함을 돌리며 서로 안부를 묻고 돌아가는 경영 환경에 대한 이야기를 하느라 여념이 없다.

나대로 대표 역시 어김없이 이 모임에 5년째 빠지지 않고 참석해 오고 있다. 경영하느라 피곤도 할 만한데 골프 모임이나 술자리는 빠지더라도 이 모임은 지나치는 법이 없다. 해외출장을 갈 때도 참석한 후 떠날 정도로 그 열정은 대단하다. 나 대표는 대학을 나와 대기업에서 10년 정도를 다니다 창업했고, 운도 따라주어 성공한 중소기업 CEO로 자리매김했다. 주변에선 회사도 잘되고 이젠 여유를 찾으라고 성화지만 워낙 천성이 부지런한 터라 부단히 학습하고 경영환경의 변화에 대비해 오고 있다. 게다가 항상 강연장 맨 앞자리에 앉아 초청

강사의 강연 내용을 하나도 빠트리지 않고 집중해 자신의 것으로 만든다.

"나 대표님! 안녕하세요? 여전하시네요?"

이 모임에서 알게 된 반도체 관련 사업을 운영하는 김민수 대표가 인사를 한다.

"아이고! 김 대표님도 나오셨네요. 별고 없으시지요? 사업은 잘되시지요?"

"그럭저럭 끌어가고 있습니다. 지난 해부터는 좀 힘드네요."

사실 김 대표만 힘든 게 아니다. 요즘 누굴 만나도 한 치 앞도 못 볼 만큼 경영 여건이 나빠 힘들다고 볼멘소리들을 한다. 물론 나 대표 역시 겉으로는 말을 안 하고 있지만 경영자로서 그 속내는 이만저만 복잡한 게 아니다. 해서 조찬 모임에서 뭔가 해결의 실마리를 찾으려고 기대를 잔뜩 품고 참석하는 것이다. 둘은 이런저런 이야기를 하면서 나중에 심도 있게 이야기를 나누자며 약속하고 자리에 앉았다.

나 대표가 운영하는 회사는 매출은 나름 괜찮은데 수익이 많지 않아 항상 골머리를 앓고 있다. 묘책이 없다 보니 사업을 접고 다른 일을 해볼 생각을 한 것도 한두 번이 아니다. 이런 생각이 들 때마다 걸리는 건 수백 명에 달하는 직원들이다. 나 편하자고 회사를 매각할 수는 없는 노릇이었다. 그래서 한 달 정도 안식월을 갖고 생존의 길을 모색해 보기도 했다.

이번 달 조찬 모임 특강 주제가 이런 나 대표의 생각을 바꾸어 놓았다. 주제가 색달랐기 때문이다. '길 위에서 생존의 길을 찾다' 길 위에서 길을 찾는다는 게 막연해 보였지만 그 밑에 붙은 단어가 나 대표의 마음을 당겼다.

'이젠 도상경영(道上經營)이다!'

'도상경영'이란 화두가 나 대표에게 작은 울림을 주었다. '나아지기만 바라지 말고 무언가 시도라도 해 보자'는 결의를 다진 터라 오늘 강연에 대한 기대치는 그 어느 때보다 높았다.

잠시 후 강사가 강단에 올랐다. 강사는 최근 인문학이 화두가 되면서 유명세를 타고 있는 역사인문학자 최도성 소장이었다. 최 소장은 TV에서 서너 번 보았지만 직접 만나기는 처음이었다. 최 소장은 당당한 체구에 구레나룻 수염을 가진 다소 강한 이미지를 하고 있었다.

최 소장은 이날 '한양도성 성곽길을 걸으며 과거에 묻고 미래에 답하자'는 다소 파격적인 개념을 참석자들에게 전했다. 결국 역사는 되풀이되는데 그 역사 속에서 생존의 길을 찾아보자고 하는 것이다.

평소 사색을 좋아하고 책을 많이 접하는 나 대표에겐 이날 내용은 시쳇말로 '찐(眞)'이었다. 나 대표는 최근 들어 조찬 모임에서 이렇게 기분이 업 된 적은 없었다. 최 소장이 전하는 솔루션 하나하나가 나 대표 조직에 바로 적용할 수 있을 것 같고 다소 숨통을 틀 수 있는 출구를 본 것 같았다. 약 90분간에 걸친 이날 강연은 성황리에 끝났다.

최 소장은 강의를 마치면서 한 가지를 덧붙였다.

"좀 더 구체적인 해결책이나 자료가 필요하신 분은 추후 연락을 주시면 성심성의껏 알려드리겠습니다."

이 말이 떨어지기 무섭게 나 대표는 막 강의장을 떠나려는 최 소장에게 달리다시피 가서 명함을 건네며 인사를 했다.

"최 소장님! 오늘 강의 정말 감사드립니다. 저에겐 큰 울림과 여운을 주셨습니다. 회사 경영이 너무 힘들었는데 가뭄에 단비 같은 말씀을 주셔서 진심으로 고맙습니다. 에구! 인사가 늦었습니다. 중소기업을 운영하는 나대로 대표입니다."

"이렇게 좋은 평과 반응을 주시니 제가 더 감사드립니다. 나중에 시간 되실 때 차 한 잔 하면서 깊은 이야기를 나누시지요. 제가 오전에 방송 출연이 있어서요."

명함을 건네면서 자리를 떠나려 하자 나 대표가 서둘러 말했다.

"다음 주에 한번 연락드리고 찾아뵈어도 될까요?"

최 소장은 흔쾌히 승낙하고 방송국으로 향했다. 나 대표는 마치 백점 맞은 시험지를 들고 집으로 가는 어린이처럼 기분 좋게 회사로 향했다. 회사로 가는 차 속에서 강의 내용을 곱씹으면서 무엇인가 출구전략을 찾아야겠다고 생각했다.

나 대표는 하루 일과를 서둘러서 마치고 직원들에게 오늘은 조금 일찍 퇴근하겠다고 말하고 귀가했다. 집에 도착한 나 대표는 오늘 필

기한 강의 내용을 복기하면서 '어떻게 하면 도상경영을 회사 경영에 접목할 수 있을까?' 고민하다가 벤치마킹 알고리즘을 구상했다. 서재에서 이런저런 책들도 뒤적여 보고 밑그림도 그리면서 밤을 꼬박 새웠다.

다음날 평소 같으면 일찍 출근하는데 도저히 피곤해서 오후에 출근하기로 하고 아침을 먹고 커피를 마시면서 생각을 정리했다. 최 소장을 회사 멘토로 모셔 한 달에 2회 정도 개별 과외를 받아야겠다고 마음을 정하고 최 소장에게 연락했다.

"최 소장님! 어제 인사드렸던 나대로입니다. 혹시 바쁘지 않으시면 내일 한번 찾아뵈어도 될까요?"

"그럼요. 제 사무실이 삼청동 근처인데 오실 수 있으신지요? 제가 핸드폰으로 주소를 드리겠습니다. 내일 오후 2시 정도면 좋습니다."

"소장님! 감사합니다. 내일 찾아뵙겠습니다."

다음 날 오후 나 대표는 삼청동에 있는 최 소장 사무실로 찾아갔다. 최 소장은 반갑게 맞이했다.

"이렇게 누추한 곳을 찾아 주시니 감사합니다. 혹시 무슨 일이 있으신지요?"

최 소장은 강의장에서 본 모습과는 달리 아주 인자한 학자 모습을 하고 있었다. 그리고 커피보다는 녹차를 좋아한다면서 녹차를 내놓았다. 나 대표는 향기 가득한 야생녹차를 마시며 자신의 고민 보따리를 풀어놓기 시작했다.

"올해로 사업한 지 15년째입니다. 나름 자리를 잡아서 먹고는 살고 있는데 세상이 너무 빠르게 변하다 보니 제가 이 변화의 흐름에 뒤처지는 것 같습니다. 코로나19로 경영 여건도 말이 아니고 중소기업을 하는 이들도 다들 힘들다고 입을 모으고 있습니다. 그래서 소장님께 개별적으로 경영수업을 받고자 합니다. 개인 과외라고 할 수도 있죠."

전혀 예상치 못한 나 대표의 제안에 자못 당황한 눈치였다.

"어제 강의 말씀 중 '길 위에서 생존의 길을 찾다'라는 화두에 큰 관심을 갖고 있습니다. '과거에 묻고 미래에 답하라'는 메시지 또한 저에겐 황금 같은 출구 전략이라고 생각합니다. 그래서 바쁘시겠지만 저와 한양도성을 함께 걸으시면서 경영에 대한 처방전을 내려주셨으면 합니다. 물론 비용은 넉넉히 드리겠습니다."

최 소장은 잠시 고민하더니 한번 해보겠다고 승낙하며, 매주 토요일 오후에 만나 수업을 하자고 말했다. 둘은 이렇게 '도상경영 수업'을 시작하게 되었다.

1장

생존의 길

Lesson 1

현상과 본질을 구분하라

시간이 흘러 마침내 도상경영 첫 수업이 시작되었다. 나 대표는 간 편한 등산복 차림으로 약속 시간보다 조금 일찍 창의문 앞에 도착해 서 최 소장을 기다렸다. 잠시 후 도착한 최 소장은 오늘 수업 내용을 압축해서 소개했다.

"오늘은 한양도성 첫 코스인 창의문에서 숙정문으로 가는 코스입 니다. 대략 4km 정도 됩니다. 함께 걸으면서 사소한 것들을 말씀드리 겠습니다. 수업은 대표님께서 허심탄회하게 고민을 풀어 놓으시면 저 나름의 처방전을 드리는 식으로 하겠습니다. 정답보다는 해답, 아니 적답을 찾아가는 거라고 보시면 좋겠습니다. 자, 출발하시지요?"

둘은 이렇게 성곽길 시간여행의 첫 단추를 눌렀다. 다소 가파른 길 이지만 서울에 이런 곳이 있다는 그 자체만으로 참으로 고마운 일이 아닐 수 없었다. 한참 숨이 찰 무렵 나 대표가 본격적인 화두를 조심스럽게 던졌다.

"경영을 하는 이에게 가장 필요한 것은 무엇일까요?"

"여러 가지가 있겠습니다만 저는 무엇보다 '생존'이라고 봅니다."

나 대표는 메모할 수가 없어서 녹음을 하기로 하고 처방에 귀를 기울였다. 최 소장은 차분하게 말을 이어 갔다.

"저는 경영은 싸움터라고 생각합니다. 혹시 대표님 '아홉 개의 싸움터'라는 말을 들어보셨는지요?"

"금시초문입니다."

"아홉 개의 싸움터는 병법의 달인 손자가 한 말입니다. 손자는 싸움터를 자기 땅에서 싸우는 '산지(散地)', 적지에 들어갔으나 깊지 않은 '경지(輕地)', 내가 얻어도 이롭고, 적이 얻어도 이로운 '쟁지(爭地)', 나도 갈 수 있고 적도 올 수 있는 '교지(交地)', 여러 나라에 접해 있어 먼저 도착하면 천하의 무리를 얻을 수 있는 '구지(衢地)', 적지에 깊이 들어가 배후에 성읍이 많은 '중지(重地)', 산림이나 험한 길, 습지 등 통과하기 어려운 '범지(氾地)', 들어가는 길은 좁고 돌아오는 길은 멀어서 적이 적은 병력으로 아군의 많은 병력을 칠 수 있는 '위지(圍地)', 신속하게 싸우면 살고 그렇지 않으면 죽는 '사지(死地)', 이렇게 아홉 가지로 분류했지요. 나 대표님의 회사는 어떤 상황이라고 생각하시는지요?"

"음… 아마 사지(死地)에 처해 있는 것 같습니다."

"손자는 아홉 개의 싸움터에서 각각의 조건과 형편에 맞춰 용병지법(用兵之法)으로 대응해야 한다고 했습니다. 마음이 느슨해지는 산지에서는 싸우지 말아야 합니다. 깊진 않더라도 일단 적지인 경지에서는 멈추지 않아야 합니다. 팽팽히 맞서는 쟁지에서는 섣불리 공격하지 않아야 합니다. 교지에서는 병력이 끊어지지 않도록 해야 하죠. 복잡하게 얽힌 구지에서는 외교를 잘 해야 합니다. 적국 깊숙이 들어간 중지에서는 별수 없이 약탈을 할 수밖에 없지요. 행군이 곤란한 범지에서는 신속히 통과해야 합니다. 적에게 둘러싸인 위지에서는 살 계책을 세워야지요. 사지에서는 죽기 살기로 싸워야 합니다. 이런 손자의 가르침도 일단 싸움터에 맞닥뜨리면 조건과 성격을 일일이 따져보기가 생각처럼 쉽지 않습니다. 우리는 대개 계책이고 뭐고 다 집어치우고 오로지 물불 안 가리고 죽기 살기로 싸우는 것에만 익숙해져 있죠."

"말씀을 듣고 보니 언젠가 지인한테서 들은 '적이 원하는 시간에 싸우지 않고, 적이 좋아하는 장소에서 싸우지 않으며, 적이 생각하는 방식으로 싸우지 않는'다는 말이 생각나는군요."

둘은 이렇게 첫 화두를 놓고 이야기하면서 성곽길을 걸었다. 이야기에 집중하다 보니 한양도성의 풍광을 놓친 채 돌고래 쉼터에 도착했다. 나 대표는 다소 지친 듯 잠시 쉬어가자면서 아내가 준비해준 과일과 음료수를 펼쳐 놓고 벤치에 앉아 고향을 비롯한 가족에 대한 이야기를 주고받으며 서로를 좀 더 알아갔다.

최 소장이 다시 출발하자고 재촉해서 다시 시간여행이 시작되었다. 나 대표가 다른 화두로 화제를 바꿨다.

"소장님, 조금 다른 이야기인데 경영환경 변화 등 위기가 발생하면 어떤 기업은 그 위기를 기회로 삼는 반면 어떤 기업은 왜 위험에 처할까요?"

"아주 좋은 질문입니다. 제가 경영자가 아니라서 다소 이론적인 이야기가 될 수도 있겠습니다만 현상과 본질에 대해 명확하게 구분을 못한 결과라고 봅니다."

"아, 현상과 본질이라……. 항상 들어온 이야기입니다만 저 역시 이것을 명쾌하게 정리하지 못하고 있는 것 같습니다. 자세히 말씀해주시지요."

"'아라비아 로렌스 증후군'이란 말이 있습니다. 영화 〈아라비아 로렌스〉에 나오는 이야기입니다. 아라비아 로렌스는 영국군 대위인데 그는 아랍 민족이 독립을 하는 데 크게 기여한 인물입니다. 독립한 이 나라는 국가재건위원회를 구성해서 아랍 국가의 성장 모델을 찾게 됩니다. 그래서 성장 모델을 영국으로 할지 아니면 미국으로 할지 고민하다 마침내 프랑스로 정하게 됩니다. 국가재건위원회는 프랑스 수도 파리로 위원들을 파견하게 됩니다. 위원들은 선진국의 도로나 행정 등 여러 가지를 견학하면서 배우게 됩니다. 그런데 재미있는 일이 발생합니다. 이들이 파리의 한 호텔에 투숙하게 되는데 호텔 안에 이들의 눈길을 사로잡은 게 있었습니다. 무엇이 이들의 눈길을 사로잡았을까요?"

"혹시 엘리베이터가 아닐까요?"

"그럴 수도 있겠습니다만 바로 '수도꼭지'였습니다."

"수도꼭지라고요? 이해가 잘 안되네요."

"호텔에 묵으면서 이들이 놀란 것은 샤워실에서 수도꼭지를 돌리면 언제나 물이 콸콸 나오는 것이었습니다. 오늘도 나오고 다음 날도 내내 나오는 것이었지요. 중동지역은 물이 부족한 나라라서 물만큼 소중한 것이 없었습니다. 이런 탓에 이들은 수도꼭지를 물이 나오는 요술 기계라고 생각하기 시작했습니다. 그래서 수도꼭지에 온통 마음을 뺏긴 것입니다. 드디어 파리 견학 일정을 다 마치고 귀국하는 날이 왔습니다. 짐을 싸서 체크아웃하고 공항으로 갔습니다. 그런데 이들이 나간 호텔에서 난리가 났습니다. 이들이 묵었던 호텔 방을 치우려고 룸메이드가 방으로 들어갔는데 방이 마치 홍수가 난 것처럼 물로 넘쳐 있는 것이었습니다. 룸메이드는 너무 당황해서 소리를 치며 직원을 불렀습니다. 시설 관리 직원이 방에 들어가 보니 어이없는 일이 벌어져 있었습니다. 짐작이 가시나요?"

"글쎄요. 혹시 목욕탕 물을 잠그지 않고 퇴실했나요?"

"가보니 목욕탕에 있는 수도꼭지가 다 잘려져 있었어요. 이들은 수도꼭지를 물이 나오는 요술 기계로 착각하고 잘라서 집으로 갖고 간 것이었죠. 지금 생각하면 어처구니없는 일이지만 물이 귀한 중동지역에서는 그런 생각을 할 법도 하죠."

"저도 수세식 양변기를 처음 접했을 때 양변기에 엉덩이를 대고 일을 봐야 하는 건지 아니면 양변기 위에 올라가 일을 봐야 하는지 당황한 적이 있습니다. 암튼 기가 막힌 일이네요."

"더 기가 막힌 것은 이것뿐만이 아니었습니다. 이들은 귀국해서 집에 도착하자마자 아내와 자식을 모아 놓고 선물 꾸러미를 풀어 놓으면서 이렇게 말하는 것이었습니다. '여보! 애들아! 선진국이란 대단한 나라더라. 이번에 다녀온 파리는 프랑스 수도인데 이곳엔 물이 나오는 기계가 있더라. 그래서 아버지가 그것을 가져왔지. 이젠 우리 가족은 물 걱정 안 해도 된다.' 그러면서 수도꼭지를 내놓았습니다. 이들은 가족 앞에서 당당하게 수도꼭지를 돌렸습니다. 물이 나올 리가 없었죠. 그렇다면 왜 이런 일이 벌어졌다고 생각하시는지요?"

"음… 제가 수세식 양변기를 보고 해프닝을 벌인 것처럼 수도꼭지를 처음 접하다 보니 아마 그런 엉뚱한 짓을 한 것 같습니다."

"이들이 몰랐던 것이 있었습니다. 가만히 생각해 보세요. 이들이 본 수도꼭지는 샤워실 벽에 달려 있었을 것입니다. 그러니까 이들은 수도꼭지와 연결된 파이프, 즉 수도관이 벽 안에 있다는 것을 몰랐고, 그 수도관이 땅속에 있는 수도관과 연결되어 있다는 것도 당연히 몰랐을 것입니다. 더구나 그 수도관이 물을 공급하는 저수지와 연결되어 있는 것도 몰랐을 거고요. 결국 물이 나오는 알고리즘을 몰랐던 것입니다."

"아하 그렇게 말씀하시니까 해프닝같이 보이는 수도꼭지 사건이 많은 것을 내포하고 있는 것 같습니다."

"그렇습니다. 이 사건이 우리에게 암시하는 것이 있습니다. 바로 경영을 할 때 현상과 본질이 무엇인지를 정확하게 알아야 한다는 것입니다. 여기서 수도꼭지는 단지 물이 나오는 도구에 불과한 것이지 물이 아니라는 것입니다. 물이 나오는 본질은 저수지라는 이야기입니다. 이것을 확장해서 말씀드리면 사람들은 본질을 놓치고 현상만 보고 판단한다는 것이지요."

"아하 본질과 현상이라는 말은 자주 하고 자주 듣는 이야기입니다만 오늘 저에겐 큰 파장으로 다가오네요."

"자! 그렇다면 대표님께서 저에게 물어본 경영은 무엇인지로 돌아가 보았으면 합니다. 현상만 보지 말고 본질이라는 프레임으로 접근하면 '경영'이 무엇인지 말할 수 있을 것 같습니다. 그러니까 경영을 현상이란 안경으로 보면 그냥 사업 또는 장사에 불과합니다. 아니면 먹고살기 위해 하는 것이라고 볼 수도 있습니다. 그러나 이것을 본질이라는 안경으로 보면 이야기는 달라집니다. 사물을 현상적으로만 보지 말고 본질을 보면 그 정의가 무궁무진합니다. 아울러 프레임이 아주 달라질 수 있다는 말도 되지요."

"수도꼭지와 저수지라는 개념을 도입하면 그렇군요. 우리가 좋은 물을 먹으려면 좋은 수도꼭지를 설치하는 게 아니라 물을 공급하는 저수지 물이 깨끗해야 하고 물을 공급하는 송수관이나 수도관이 깨끗해야 되는 거네요?"

"그래서 대표님에게 이런 이야기를 먼저 던지는 것입니다. 이제 제가 대화를 통해 생존전략을 이야기할 것입니다. 그냥 질문하고 대답하는 게 아니라 어떤 주제를 정했다면 속살을 드러내는 작업을 했으면 합니다. 그래야 남들이 생각하지 못한 것도 끄집어낼 수 있고 나아가 경영을 제대로 할 수 있는 창의적인 생각이나 발상도 나올 수 있다고 봅니다."

"현상만 보지 말고 본질을 추구하려면 어떤 작업이 필요할까요?"

"제가 존경하는 피터 드러커가 한 말이 있습니다. 이름하여 '5가지 질문'입니다. 제가 드리는 다섯 가지 질문에 대한 답을 찾아 보시기 바랍니다. 답은 다음 수업 때 말씀드리겠습니다.

첫째, 우리의 (   )은 무엇인가?

둘째, 우리의 (   )은 누구인가?

셋째, 우리의 (   )이 추구하는 주된 가치는 무엇이고 차선의 가치는 무엇인가?

넷째, 우리의 (   )은 무엇이어야 하는가?

다섯째, 이를 달성하기 위한 우리의 (　　)은 무엇이며 가장 효과적인 (　)은 무엇인가?"

"바쁘신데 오늘 좋은 말씀 주셔서 감사드립니다."

둘은 대화를 통해서 출구 전략이라는 화두를 조금씩 열어갔다. 그야말로 '도행지이성(道行之而成)', 길은 걸어가는 것으로 만들어진다는 것을 실천으로 옮기고 있었다. 숙정문을 뒤로 하고 도성에서 내려와 파전에 막걸리를 한 잔 마시며 피곤한 몸을 달랜 두 사람은 다음 일정을 정하고 집으로 향했다.

Roadology 길 속에서 길을 찾는다

인생이란 무엇일까? 인생이란 도대체 무엇일까? 인생이란 단어를 한자로 표기하면 人生이 된다. 이것을 액면 그대로 풀어서 쓰면 '人生= 人+牛+一'가 된다. 이 공식을 나름 풀어서 해석하면 '인생이란 소처럼 한 길을 가는 것이다'라고 할 수 있다. 보기에 따라서 아니면 가치관에 따라 그 해석이 분분하겠지만 인생이란 간단히 말해 자신에게 주어진 길을 평생 가는 것이라고 보면 된다.

평범하게 한 길을 가는 이도 있지만 가던 길을 도중에 유턴하는 사람, 가는 길이 울퉁불퉁 평탄치 않은 사람, 평생 내리막을 타는 사람도 있다. 그런데 평범한 길을 가는 것처럼 보이지만 그 길을 남다르게 닦아서 우뚝 세우는 이들도 있다. 지금까지 한 이야기를 압축하면 사람은 길에서 삶을 찾고 길에서 죽음을 맞이하는 셈이다.

이런 말이 있다. "산은 어진 사람이 오르고, 길은 착한 사람이 거닌다." 그렇다면 어떤 길을 걸어야 하나? 그 첫걸음으로 한양도성 성곽 길을 따라 걸어보는 것을 추천하고 싶다. 18.627km가 되는 이 길엔 고유한 우리네 역사는 물론 찬란한 전통 그리고 순순한 삶의 이야기가 숨어 있다. 그 길은 불편하고 사뭇 낯설지만 걷다 보면 도성 안과 도성 밖을 통해 과거·현재·미래 인생 세 박자를 밟아볼 수 있다. 간단히 말하자면 과거에 묻고 미래에 답할 수 있다.

성곽길을 걷는 것은 한마디로 시간여행이다. 600여 년 역사와 문화가 펼쳐진 이 길은 그야말로 유람 같은 '순성놀이'라 즐겁고 가슴이 벅차오른다. 이 길에선 흥인지문, 돈의문, 숭례문, 숙정문 등 성문(城門)을 만날 수 있다. 덤으로 성문을 열고 닫는 시간을 알려준 보신각과 성저십리(城低十里)를 만나면 서울의 가치를 재발견할 수 있다.

성곽길이 있는 곳엔 산이 있다. 산이 있는 곳엔 계곡과 물이 있고 길이 있다. 산과 산이 이어져 있는 성곽길은 고즈넉한 오솔길이 많아 시나브로 걷다 보면 인생이 보이고 마음이 편해진다. 혼자 걸어도 좋고 흩어져 있던 가족과 함께 걸어도 좋고, 그간 소원해진 동료와 걸어도 좋다. 길 속에 숨어 있는 역사와 문화의 숨소리를 들어보자. 당신의 길이 보일 것이다.

행여 당신의 인생길이 지금은 울퉁불퉁하더라도 힘을 내보자. 그 길은 당신의 것이다.

Lesson 2

절실하게 묻고 가까운 것부터 생각하라

나 대표는 이번 한 주도 아주 바쁘게 보냈다. 회사 일도 일이지만 유달리 한 주를 정신없이 보내고 있었다. 그런데 이상하게도 힘이 들지 않고 하루하루가 활력이 넘쳤다. 회사가 잘 돌아가는 것도 그렇지만 경영이 막힘 없이 가는 것 같았다. 이런 작은 변화는 여러 요인이 있었겠지만 무엇보다 '경영수업'이 큰 몫을 한 것 같았다. 예전 같으면 지인들과 골프 모임을 가거나 아니면 집에서 부족한 잠을 보충하는 게 다반사였다. 그런데 최 소장을 만나고 나서는 뭔가 달라지는 것을 스스로 느끼고 있었다.

다음 날 아침 나 대표는 일찍 일어나 채비를 하고 약속 장소로 나갔다. 숙정문 앞에 벌써 나와 기다리고 있던 최 소장은 나 대표를 밝은 표정으로 맞아주었다.

"어서 오세요, 나 대표님! 한 주 잘 보내셨지요?"

"네! 소장님. 오늘 아주 좋아 보이시네요? 무슨 좋은 일이라도 있으신지요?"

"그럼요? 아주 좋은 일이 있습니다."

"아! 그렇군요. 죄송합니다만 말씀해주실 수 있으실까요?"

"당연하지요. 바로 나 대표님을 만나는 일입니다."

다소 엉뚱한 대답에 나 대표는 자못 놀란 표정을 지으면서 말을 이었다.

"소장님께서 저를 그렇게 생각해주시는 줄은 미처 몰랐습니다."

둘은 두 번째 만나는 것이지만 마치 선후배같이 격의 없어 보였다. 나 대표는 부인이 준비해준 커피를 건네며 질문을 던졌다.

"지난번 수업은 아주 좋았습니다. 확실친 않지만 출구 전략의 방향을 잡았다고나 할까요. 많은 것을 깨우쳐 주셨습니다. 다시 한번 감사 말씀드립니다. 오늘 코스는 어떻게 되는지요?"

"그렇게 생각해주시니 힘이 납니다. 오늘은 숙정문에서 혜화문으로 가는 코스로 잡아보았습니다. '길 위에서 길을 찾아야 한다'는 점을 명심하시고 천천히 걸으면서 대화를 나누었으면 합니다."

"네. 그렇게 하겠습니다. 기대가 많이 됩니다. 다소 엉뚱한 질문을 하더라도 귀엽게 봐주시기 바랍니다. 그럼 출발하시지요?"

둘은 숙정문에서 혜화문으로 가는 코스로 접어들었다. 다소 난이

도가 있긴 하기만 등산로라서 가는 데는 그다지 힘들진 않았다.

"숙정문은 사대문 중에서 대문 역할을 못 하고 항상 굳게 닫혀 있었습니다. 험준한 산악 지역에 소나무까지 심어 실질적인 성문 기능을 하지 못했지요. 사람들은 주로 혜화문과 창의문을 통해 도성 안으로 출입했기 때문에 숙정문을 폐쇄해도 지장이 없었습니다."

한 30분 정도 걸은 후 최 소장이 질문을 하나 던졌다.

"대표님, 경영하시면서 가장 힘든 것은 무엇인지요?"

"다 어렵지만 빠른 변화를 예측하고 준비하며 따라가는 일입니다. 특히 저희 같은 제조업은 유통 서비스라든가 디지털 분야보다 더 어려운 것 같습니다."

"아, 그러시군요? 혹시 고향이 어디신지요?"

"저는 시골입니다. 전형적인 농촌에서 자랐습니다. 선친께서는 농사를 제법 크게 지으셨는데 제가 농대에 들어가 가업을 잇기를 바라셨습니다. 그런데 선친의 뜻을 역행해서 대기업에 들어가 샐러리맨이 되었습니다."

"저도 그렇습니다. 농촌에서 자랐습니다. 저희 선친은 농사를 조금 지으시고 교직에 몸을 담으셨습니다. 그래서 그런지 저도 남을 가르치는 일을 하고 있습니다. 피는 못 속이는 것 같기도 합니다. 혹시 시골에 가끔 가시는지요?"

"양친 다 농사일을 지금도 하고 계셔서 자주 가는 편입니다."

"그러시군요. 그럼 질문을 하나 드리겠습니다. 시골에 가면 뭘 느끼시나요?"

"네. 무엇보다 우리네 농촌은 예전과 크게 다를 게 없다는 겁니다. '변하지 않는다'는 거지요. 학창시절이나 지금이나 똑같아요."

"그래서 오늘은 화두를 우리네 농촌으로 돌리고 농촌을 통해서 변화를 모색해보는 이야기를 드릴까 합니다."

"농촌에서 길을 찾아 주신다니 좋네요. 그런데 질문이 있습니다. 저희 시골에 가보면 도로변인데 노는 땅이 많습니다. 땅이 안쪽 깊이 자리하고 있다면 모르겠는데 제 눈으로는 참 안타깝다는 생각이 듭니다. 물론 땅 주인 마음이겠지만요. 어떤 좋은 활용 방법이 없을까요?"

"글쎄요. 제가 직접 보지 못해서 단적으로 말씀을 드릴 수는 없지만 갑자기 옛날에 읽었던 책 『누가 내 치즈를 옮겼을까?』가 생각나네요. 아마 대표님도 읽어 보셨을 겁니다. 그 당시 베스트셀러였거든요."

"기억납니다. 그런데 왜 그런 말씀을 하시는지요?"

"혹시 '절문이근사(切問而近思)'라는 말을 들어 보신 적이 있으신지요? 논어에 나오는 말입니다."

"글쎄요. 생각이 잘 나질 않네요. 무슨 심오한 뜻이 있는지요?"

"이것은 자하가 말한 것입니다. '널리 배우고 뜻을 돈독히 하며 간절히 묻고 가까이서부터 생각해 나가면 인은 그 가운데 있을 것이다

(博學而篤志 切問而近思 仁在其中矣)'. 간단하게 말씀드리면 '절실하게 묻고 가까운 것을 구체적으로 생각하라'는 뜻입니다."

"절문이근사(切問而近思)라……. 정곡을 찌르는 구절입니다. 바로 저에게 필요한 메시지입니다."

"그럼 다시 그 책 이야기로 가보겠습니다. 아시겠지만 대략적인 스토리를 이야기하겠습니다. 그 책엔 네 명의 주연과 조연이 나옵니다. 바로 생쥐 '스니프'와 '스커리' 그리고 꼬마 인간 '헴'과 '허'입니다. 이들의 일과는 맛있는 치즈를 찾아다니는 것이지요. 그들은 먹을 것을 찾기 위해 미로 속을 열심히 뛰어다닙니다. 그 노력의 결과, 마침내 치즈가 가득 찬 창고 'C'를 발견하게 됩니다. 이들은 매일 그곳에 가서 치즈를 먹었습니다."

나 대표는 뭔가 느낌이 오는 듯이 고개를 끄덕이며 이야기에 집중하기 위해 배낭에서 초콜릿을 꺼내 당을 보충해야 한다면서 최 소장에게 건넸다. 최 소장은 감사 인사를 하고 초콜릿을 먹으면서 이야기를 전개해갔다.

"나 대표님, 그런데 생쥐들과 꼬마 인간들은 생각이 달랐습니다. 우선 생쥐들은 치즈 창고를 발견한 후에도 매일 아침 창고에 가서 어제와 다른 변화가 있는지 확인했습니다. 말하자면 돌아가는 판을 읽어가면서 대책을 세우기 시작한 것이지요. 반면 꼬마 인간들은 창고의 치즈가 평생 먹을 수 있을 것이라고 착각하고 변화에 대비하지 않았습니다. 그러니까 언제나 그곳에 치즈가 있을 거라고 생각한 겁니다."

나 대표는 마치 자신의 이야기를 하는 것 같아서 속으로 마음이 편치 않았지만 더욱더 이야기에 귀를 기울였다. 뭔가 숨은 메시지가 있을 거라는 생각이 들었다.

"이들은 늘 하던 것처럼 창고에 가서 먹고 놀았습니다. 그러던 어느 날 창고에 가보니 치즈가 없어졌습니다. 그러나 생쥐들은 놀라지 않았습니다. 이들은 창고의 치즈가 조금씩 줄고 있다는 것을 이미 알고 있었기 때문입니다. 그래서 생쥐들은 다시 미로 속으로 들어가 새로운 치즈를 찾아 나섰습니다. 물론 힘이 들었습니다. 그러나 마침내 새로운 치즈 창고 'N'을 발견하게 됩니다.

반면 꼬마 인간들은 새로운 치즈를 찾아 나서지 않았습니다. 대신 언젠가는 누군가가 다시 창고에 치즈를 가져다 놓기만을 기다렸습니다. 늘 하던 대로 살아간 것이지요. 하지만 사라진 치즈는 돌아오지 않았습니다. 이렇게 되자 일이 터지고 맙니다. 꼬마 인간 '헴'과 '허' 사이에 갈등이 생겼고 마침내 둘은 헤어졌습니다. 나 대표님, 아는 이야기지만 어떤 생각이 드시는지요?"

"글쎄요. 저희 회사 이야기 같기도 하고 제 이야기 같기도 합니다. 조금 창피하네요. 계속하시지요."

"재미있는 건 둘 중 '헴'은 변하지 않고 계속 기다리기로 한다는 것입니다. 반면에 '허'는 새로운 치즈를 찾아 떠났습니다. '허'는 미로 속을 외롭게 헤맨 끝에 마침내 새 치즈 창고 'N'을 찾아냈습니다. 생쥐들은 그곳에 먼저 와 있었습니다. '허'는 이런 과정을 통해 소중한 교훈을 얻었습니다. '변화를 예상하고 신속히 적응해야겠구나. 살기 위해선 두려움을 떨치고 새 치즈를 찾아 나서야 한다. 그리고 사라진 치즈에 대한 미련을 빨리 버릴수록 새 치즈는 더 가까워진다.'"

"마치 단편 영화를 본 것 같은 착각이 드네요. 그 책을 다시 읽은 것 같습니다. 결국 '변화하느냐, 변화를 당하느냐'는 거네요?"

"그렇습니다. 바로 제가 오늘 드리고 싶은 이야기입니다. 그러니까 기업뿐만 아니라 이젠 농촌도 변하지 않으면 생존할 수 없다는 것입니다. 이것은 도시나 농촌이나 매한가지입니다. 제가 사는 동네에서 일어난 이야기를 하나 하겠습니다. 저희 동네 대로변에 주유소가 있었습니다. 그 주유소는 그 자리에서 한 20년 가까이 영업하고 있었는데 그곳에 어떤 변화가 생겼습니다. 어떤 변화가 있었을 거라고 생각하십니까?"

"최근에 신문에서 언뜻 보았는데 'Shop in Shop'이 아닐까요? 주유소에 편의점이 들어선 것 같은데요. 아닌가요?"

"주유소를 허물고 있었습니다. 그래서 가서 물어보았더니 그 자리에 오피스 빌딩을 짓는다고 하더군요. 그 자리는 한강뷰까지 확보된 소위 알짜배기 입지라고 하더군요. 말하자면 주유소 주인은 그 점에 착안한 것 같았습니다. 사실 그 자리 건너편엔 K사 본사가 건물을 새로 지어 지난해 들어왔고, 근처 역사엔 H개발도 입주했으며, A사 새 사옥도 가까운 곳에 있습니다. 그 자리에는 고급 오피스텔 또는 업무용 빌딩 건설이 추진된다는 것입니다."

"말하자면 책에 나오는 생쥐 같은 생각을 한 것이네요?"

"그렇다고 볼 수 있습니다. 결국 새 건물이 잇달아 들어서고 내로라 하는 기업도 속속 들어오다 보니 주유소를 하기에는 아까운 땅이 돼 버린 것입니다. 게다가 주유소 사업 환경이 나빠진 것도 주유소를 재 개발하는 요인이라고 합니다. 최저임금 인상에 따른 인건비 부담 등 으로 최근에는 대기업 직영 주유소마저 수익을 내지 못하는 일이 많 아진 것도 이런 현상을 낳은 것이지요.

　한 전문가는 이런 이야기를 하더군요. 주유소 부지 자체가 차량 진·출입이 편한 대로변에 있어서 노른자 땅인 경우가 대부분이고, 최근 분양가 상한제 등 정부 규제로 주거형 부동산 투자가 주춤하고 있어 수익형 부동산으로 투자자들의 눈이 쏠리면서 주유소가 있던 자리 에 빌딩이 들어서는 것으로 보인다고 말입니다."

"많은 것을 시사해주는 이야기입니다. 장사가 안 되다고 한탄만 할 게 아니라 그 대신 새로운 발상으로 새로운 치즈 창고를 찾은 셈이네 요?"

"그렇지요. 이런 측면에서 본다면 농지도 마찬가지입니다. 저희 고 향에서도 농사만 지어서는 비료 값도 안 나온다고 농부들이 볼멘소리를 합니다. 그래서 그냥 농사를 짓지 않는 게 남는다면서 땅을 놀리는 것하고는 아주 다른 발상입니다. 즉 '헴'이 될 것인지 '허'가 될 것인지를 생각해 보면 됩니다. 결국 주유소 사장으로 남아 있을 것인지 아니면 건물주로 변신할 것인지를 정해야 한다는 것입니다. 물론 농촌과 도시를 비교해서 단적으로 이야기할 것은 아니지만 배울 점이 있습니다. 이 시점에서 조금 더 확장해서 이야기해보겠습니다. 여기서 '치즈'는 직업·돈·건강·인간관계·집·자유 등 사람들이 원하는 것을 모두 아우르는 개념입니다. 사람들은 각자 마음속에 자신의 치즈를 두고 그것을 추구하며 살아갑니다. 그래서 자신이 찾던 치즈를 얻게 되면 누구나 그것에 집착하며 얽매이게 됩니다. 물론 저도 이런 점에서 예외는 아닙니다."

"누구나 원하는 것을 얻게 되면 그것에 얽매이고 나아가 변화를 못 하는군요?"

진지하게 토론하다 보니 어느새 목적지가 보이기 시작했다. 그래서 조금 쉬어 가자면서 바위 위에 앉았다. 둘은 생존을 위한 출구 전략을 찾아가면서 해결책을 모색해 나갔다. 최 소장은 평소 걸을 때 오이를 먹는다면서 오이를 나 대표에게 건넸다.

"세상은 계속 변화하기 마련입니다. 다만 그것이 천천히 진행되기 때문에 잘 느끼지 못할 뿐이지요. 돌이켜 생각해 보면 치즈는 하룻밤 사이에 사라져 버린 것이 아니었습니다. 치즈는 조금씩 줄어들고 있었고, 남아 있는 치즈는 오래되어 맛이 변해가고 있었습니다. 이런 것을 '변화의 딜레마'라고 합니다. 더욱이 이 '변화의 딜레마'는 개인만의 문제가 아닙니다. 변화는 이제 모든 기업, 나아가 국가적인 화두가 됐습니다. 기존 사업의 판을 흔드는 애플의 파괴적 혁신에 전 세계 통신·휴대폰·인터넷 업체가 충격에 휩싸여 있었지요. 문제는 비즈니스 영역 간 장벽이 무너지면서 앞으로 누가 내 경쟁자가 될지 모르는 세상이 됐다는 점입니다. 즉 변하지 않으면 죽는다는 것은 꼬마 인간 '헴'처럼 아무리 피하려 해도 피할 수 없는 현실이 됐다는 것을 알아야 합니다."

"결국 소장님 말씀은 늘 세상 돌아가는 것을 감지하고 나아가 대책을 고민하고 준비하다 보면 길이 열린다는 거네요? 변화하지 않으면 죽는다……. 저에게도 중요한 처방전이 될 수 있겠네요."

"그렇습니다. IT시대에 우리가 예전의 생각과 잣대로 세상을 볼 수는 없는 노릇입니다. 게다가 고령화 시대를 맞아 노인들이 급증하는 세상 아닙니까. 그래서 젊은 층이 농촌에 남아서 그 좋은 머리로 해결책을 찾아야 하는데 다들 도시로 나가니 설상가상으로 우리네 농촌이 어려워진다고 봅니다."

"그렇다면 소장님은 어떤 처방전을 주실 수 있으실까요?"

"이것은 개인이 해결할 수 없는 문제이니 전문가의 손을 빌리거나 아니면 지역사회에서 선진국 사례를 연구하여 함께 고민해봤으면 합니다. 한 가지 사례로 동경에 있는 신개념 쌀가게 아코메야 (AKOMEYA)를 소개해드리겠습니다."

"쌀을 파는 가게와 신개념이란 단어가 다소 어울리지는 않는데요?"

"아코메야는 전국의 맛있는 쌀 20여 종을 편집해 팔고 있는데 우리나라와 다른 점은 1㎏씩 소량으로 판매하고 있다는 것입니다. 이른바 다품종 소량 판매 방식이라 소비자들은 여러 종류의 쌀을 선택해 다양한 밥맛을 경험할 수 있습니다. 물론 선택을 돕기 위해 가장 인기 있는 3가지 품종, 추천하는 3가지 품종 등을 알려 주기도 합니다."

"우리나라 쌀집하고는 전혀 다른 마케팅 전략을 구사하네요."

"게다가 쌀을 선택하면 개인의 취향에 따라 현장에서 바로 정미해 주고, 맛있게 밥을 짓는 방법도 알려줍니다. 가령 백미는 30~60분, 현미는 12시간 이상 물에 담갔다가 밥을 하라는 식의 조언이지요."

"쌀집에서 밥 짓는 레시피를 제공한다니 기가 막히네요."

"여기서 끝나는 게 아닙니다. 이 가게는 쌀만 팔지 않습니다. 쌀밥과 가장 잘 어울리는 반찬을 전국에서 모아 놓습니다. 또 쌀밥에 어울리는 프리미엄 사케를 편집해 놓습니다. 나아가 작은 상을 차리는 데 어울리는 예쁘고 편리한 주방용품과 조리 기구까지 팝니다. 그래서 이 집은 고르는 재미가 쏠쏠합니다."

"일종의 편집숍 같은 거네요? 언뜻 보기에 이케야 가구점 같기도 합니다."

"맞습니다. 여러 곳을 다니며 경험해야 하는 일들을 한곳에 편집해 놓은 것입니다. 개인의 취향에 따라 다양한 선택을 할 수 있도록 배려한 것이지요. 한 전문가는 이를 '경험의 편집'이라고 설명하더군요."

"아주 신선한 충격입니다. 쌀집이 편집숍으로 변한다는 게 말입니다."

"바로 옆에는 식당도 함께 운영하고 있습니다. 바로 '아코메야 키친'입니다. 이 집에서 팔고 있는 쌀과 반찬을 직접 맛볼 수 있게 만들어진 이 식당의 밥값은 점심 2천 엔, 저녁 4천 엔입니다. 우리 돈으로하면 2만 원, 4만 원이니 결코 싼값이 아니지만 줄을 서야 먹을 수 있을 정도로 손님이 북적거립니다. 실제로 한번 먹어 보았는데 아주 맛이 좋더군요."

"소장님, 그렇다면 야코메야가 저희 같은 경영자들에게 던지는 코어 메시지는 무엇이라고 생각하시는지요?"

"여러 가지가 있겠지만 저는 '업(業)'의 개념이라고 생각합니다. 이 가게는 쌀집의 업의 개념을 송두리째 바꾸어 버린 셈입니다. 업의 개념이란 '내가 나의 고객들에게 선사하려는 가치'를 말합니다."

"그렇다면 이 집이 팔고 있는 것은 무엇일까요?"

"좋은 질문입니다. 그것은 바로 '갓 지은 한 끼 쌀밥이 주는 행복'이라고 봅니다. 나아가 한 끼 밥을 중심으로 사람들에게 행복한 라이프 스타일을 제안하겠다는 철학과 의도를 가진 겁니다."

"이들은 어떻게 업의 개념을 바꿀 수 있었을까요?"

"변화는 먼저 사람들의 삶을 보는 데서 출발했습니다. 이 시대를 살아가는 사람들은 일상에 쫓기며 찌든 삶을 살고 있고, 혼밥, 혼술이 난무할 정도로 인간관계는 건조해졌습니다. 즉 한 끼의 행복이 얼마나 소중한 것인지를 모두 잊고 사는 것을 보았기 때문 아닐까 생각합니다. 쌀가게의 관심은 오직 어디서, 어떤 쌀을, 얼마에 사올까에 머무르지만 행복한 한 끼를 추구하는 이 집의 관심과 상상력은 차원이 다릅니다. 쌀에 머무르지 않고 도정 방법과 조리법까지 고민한 것입니다. 또 반찬, 사케, 식기, 조리기구, 조명, 향기 등 행복한 한 끼를 완성하는 데 필요한 다양한 조연들을 등판시킨 겁니다. 결국 창조성이 발휘된 것이지요."

"제가 업의 개념을 바꾸려면 어떻게 해야 할까요?"

"정부든 기업이든 먼저 사람들의 삶을 바라보아야 합니다. 이 시대를 살아가는 이들의 아픔과 결핍과 갈증이 무엇인지 곰곰이 살펴야 하지요. 그리고 경험을 편집하고 취향을 존중하면 새로운 가치를 찾을 수 있지 않을까요? 여기서 '편집'이라는 단어에 집중해야 합니다. 일본 사람들은 편집을 잘하는 사람입니다. 우리나라 기업이 할 것은 업의 재정의와 편집력이라고 볼 수 있습니다.

아코메야 쌀집은 쌀가게에 신개념을 가미해 기존 쌀집을 편집한 것이나 다름없습니다. 이 편집력으로 업의 본질을 찾고 매출을 증대하고 고객들의 이목을 붙잡는 데 성공한 셈이지요. 물론 부단한 노력이 있었겠지만 핵심은 '편집력'입니다. 무엇을 하든지 이 '편집'이란 개념을 접목하면 성공할 것입니다. 무엇이든지 대충 보지 말고 끝까지 파고든다면 해결책이 보일 거라고 생각합니다. 정답을 찾지 말고 해답을 찾으시라고 말하고 싶습니다."

"소장님은 오늘 저에게 엄청난 것을 가르쳐 주셨습니다. 많은 것을 깨우쳤습니다. 그렇다면 변화를 주도하기 위해 무엇을 해야 할까요?"

"위기의 시대에는 행동이 답이라는 말씀을 드리고 싶습니다. 대개 사람들은 살다가 뜻하지 않은 위기나 어려움에 봉착하게 되면 해결할 생각을 안 합니다. 이내 남을 탓하거나 원망하기 일쑤입니다. 그러나 성공하는 기업이나 사람들은 위기에서 기회를 보고, 행동으로 난관을 헤쳐가려고 합니다."

나 대표는 당장 큰 성과를 내는 건 아니지만 출구 전략을 향한 방향타가 보이는 것 같았다.

서울은 산으로 둘러싸여 있다. 백두대간에서 이어져 내사산을 크게 감싸며 외사산이 펼쳐져 있다. 그중 가장 크고 넓게 펼쳐진 산이 삼각산이다. 동쪽으로 용마산, 서쪽엔 행주산성이 있는 덕양산 그리고 한강 아래 관악산이 한양을 품고 있다.

삼각산에서 내려온 산세와 지세는 인왕산 기차바위와 백악산 백악마루로 이어진다. 한양은 내사산에서 제일 높은 342m 백악산을 주산으로 한다. 가장 낮은 125m 좌청룡 낙타산과 제일 넓게 펼쳐진 339m 우백호 인왕산은 양팔을 뻗으며 한양을 감싼다. 그리고 한강을 품은 262m 남주작 목멱산을 잇고, 성벽과 성문을 만들어 도성을 이었다. 바로 한양도성이다.

한양도성은 18.627km에 걸쳐 평지는 토성, 산지는 산성으로 만들어져 있다. 1396년(태조5년) 농한기인 1~2월을 이용해 118,000명이 49일 동안 밤낮없이 쌓았다. 농번기엔 고향으로 돌아갔다가 농한기가 시작하는 월에 79,400명이 동원돼 49일 동안 쌓았다. 특이한 것은 성곽에 각자 성석을 새기며 책임과 권한을 부여했다. 한양도성 성곽은 수많은 희생 속에서 역사에 모습을 보이게 된다. 이후 1422년(세종4년) 석성을 수축하고, 보수와 확장 작업을 한다. 이런 과정을 통해 오늘날 한양도성 골격이 되었다.

이후 왜란과 호란 그리고 각종 민란을 겪으며 1704년(숙종30년)까지 260여 년간 부분적인 보수를 거쳐 한양도성 성곽으로 유지된다. 하지만 일제강점기에 전차 건설과 도시개발이란 미명 아래 역사와 문화의 상징인 성벽과 성문이 힘없이 무너졌다. 18.627km 도성 성곽길은 복원되고 소실된 성곽길을 잇고 있다.

　역사를 잊는 사람에겐 미래가 없다. 역사와 문화를 찾지 않는 사람에겐 느낄 수도 배울 수도 없다. 요즘 TV를 보면 '먹방'이 대세다. 과연 먹방 프로를 본 시청자들은 그 음식을 먹을까? 아마 10% 정도가 직접 해 먹을 것이다. 나머진 그냥 대리 만족을 하는 셈이다. 인생은 남이 살아주는 게 아니라. 직접 살아야 하는 것이다. 인생은 목적지를 향해 뛰어가야만 하는 경주가 아니라 긴 여행이다.

　"들은 것은 잊게 되지만, 눈으로 본 것은 기억할 수 있다." 중국 속담이다. 내가 직접 해본 것은 내가 이해할 수 있다. 역사도 마찬가지다. 이야기만 들어서 이해하는 게 아니라 직접 가봐서 내 것으로 만드는 일이다. 역사는 스토리(Story)가 아니라 액토리(Actory=Action+Story)다.

Lesson 3

쉬운 길은 함정이다

나 대표는 경영 수업이 거듭될수록 생존을 위한 출구 전략에 푹 빠져들고 있었다. 최 소장의 아낌없는 성원 덕도 있지만 경영에 대한 새로운 시각을 갖게 되어 이젠 자신감마저 생기기 시작했다. 나무만 보지 않고 숲을 보기 시작한 것이다. 사실 매주 멘토를 만나는 게 힘들기도 했지만 어떻게 보면 축복이라고도 생각했다. 한 곳에 몰입하면서 마라토너들이 느끼는 '러너스 하이(runner's high)' 같은 '스터디 하이(study high)'를 느꼈기 때문이다.

나 대표가 회사에서 한창 일을 하고 있는데 최 소장으로부터 문자가 왔다.

'대표님! 많이 바쁘시지요? 다름이 아니오라 이번 주엔 성곽길을 걷지 않고 서촌 근처에서 뵈었으면 합니다. 장소는 다시 연락드리겠습

니다.'

토요일 점심 무렵 서촌 입구에서 최 소장을 만났다. 최 소장은 캐주얼 복장이었다. 등산복 차림이 아니라서 훨씬 젊어 보였다.

"소장님, 오늘은 학생 같으시네요."

"그렇습니까? 젊다는 소리를 들으니까 기분 좋네요. 오늘은 서촌과 경복궁 일대를 걸으면서 말씀을 드릴까 합니다. 이곳에도 역사가 많이 숨어 있거든요. 자, 가시지요."

"금강산도 식후경이라는데 우선 점심을 간단히 하시지요. 고생하시는데 식사 대접을 못해드려서 늘 맘이 편치 않았습니다."

나 대표는 미리 예약해 놓은 한식집으로 최 소장을 안내했다. 그곳에서 조촐한 점심을 한 뒤 서촌 일대를 걷기 시작했다.

"대표님, 혹시 볼링 쳐 본 적이 있으신지요?"

"대학교 다닐 때 친구들과 더러 해본 적이 있습니다. 대충 어떻게 하는지만 알고 있습니다."

"그렇다면 질문 하나 드리겠습니다. 혹시 몇 번 핀을 쓰러뜨려야 스트라이크라고 할 수 있을까요?"

"그거야 당연히 맨 앞에 보이는 1번 핀 아닙니까?"

"볼링과 기업 경영에는 공통점이 있다고 봅니다. 볼링에서 스트라이크를 치려면 1번 핀이 아니라 바로 '킹 핀(king pin)'을 쓰러뜨려야 합니다. 기업 경영도 마찬가지입니다. 무엇이든지 성공하려면 '킹 핀'을 맞춰야 합니다.”

“제가 볼링을 잘 치지 못한 데에는 다 이유가 있었네요. 저는 1번 핀만 맞추려고 악을 썼던 것 같습니다. 혹시 경영도 이렇게 하지 않았나 하는 생각이 드네요.”

“대표님뿐만 아니라 볼링을 처음 하는 사람들은 맨 앞 1번 핀을 목표로 두기 마련입니다. 일단 맨 앞에 있으니 그래야 될 것처럼 보이기 때문이지요. 하지만 의도대로 정확히 1번 핀을 맞힌다고 해도 결과는 좋지 않습니다. 양쪽 끝 핀이 남는 스플릿(split)이 나기 쉽지요. 초보자에겐 이해가 안 되는 대목이기도 합니다. 경영 역시 그렇습니다. 처음 뵈었을 때 말씀드렸던 이야기입니다만 결국 현상만 추구하다가 본질을 놓치는 격이 됩니다.”

“제가 처음 사업을 시작했을 때 이런 오류를 범하지 않았나 싶습니다. 그럼 어떻게 해야 할까요?”

“처음에 힘들더라도 일단 킹 핀을 찾아서 넘어뜨려야 합니다. 핀 10개 가운데 맨 앞에 있는 1번 핀을 맞혀서는 절대 스트라이크가 나올 수 없습니다. 문제는 자꾸 1번 핀으로 공을 굴린다는 것이지요. 이처럼 경영을 할 때 보면 하기 쉽고 남들이 하는 것을 따라 하려고 할 것입니다. 즉 ‘퍼스트 무버’가 아니라 ‘패스트 팔로어’의 길을 답습하려고 하지요. 대개 우리나라 기업들은 쉬운 패스트 팔로어의 길을 갑니다. 그러나 경영의 고수들은 다 압니다. 기업 경영의 킹 핀이 무엇인지 말입니다."

"볼링과 기업 경영을 잘 빗대어서 말씀해주시니 이해가 잘 되네요. 그럼 킹 핀을 맞추려면 어떻게 해야 하나요?"

"1번 핀 뒤에 숨어 있는 5번 핀을 맞혀야 합니다. 그러니까 볼링공이 1번 핀과 3번 핀, 혹시 왼손잡이라면 1번 핀과 2번 핀 사이로 휘어들어가서 5번 핀을 쳐야 합니다. 그래야 그 핀이 다른 핀을 연쇄적으로 넘어뜨릴 수 있습니다. 그래서 5번 핀을 '킹 핀'이라고 합니다."

"이제 조금 알 것 같네요. 현재 저의 상황을 빗대어 보자면 과녁을 만들어 놓고 화살을 쏘았는데도 명중이 되지 않는 것 같습니다. 그럴 때 어떤 자세나 준비가 필요할까요?"

"좋은 본보기가 있습니다. 우리나라는 양궁 강국입니다. 무려 30여 년 동안 제패했으니 말입니다. 그 누구도 범접할 수 없는 업적이 그냥 만들어지지는 않았을 것입니다. 양궁 대표선수 훈련은 세계적으로 힘들기로 유명합니다. 바로 혹독한 훈련이 오늘날 그런 영광을 낳은 것입니다. 서양에 이런 속담이 있습니다. '중단하는 자는 결코 성공할 수 없고, 성공하는 자는 결코 중단하지 않는다'. 이처럼 성공은 끊임없는 노력의 산물입니다. 성공은 '갑자기'라는 단어보다 '서서히'라는 단어를 좋아합니다."

둘을 이렇게 이야기에 푹 빠져갔다. 서로 힘든 기색이 보이자 카페에 들어가 기력을 추스르고 못다 한 이야기를 이어갔다.

"누구나 정상에 오르려고 합니다. 세계 최고봉인 에베레스트는 하나인데 그곳으로 가는 길은 한 가지가 아니지요. 자신이 정상으로 가는 길을 만들어 가면 됩니다. 바로 자신이 개척한 루트가 되는 거지요. 사실 박영석 대장도 코리안 루트를 개척하다가 유명을 달리하셨지요."

"자신만의 루트를 개척하려면 무엇을 해야 할까요?"

"역량이 있어야 합니다. 그 분야에서 고수가 되어야 한다는 겁니다. 내공은 노력한 만큼 내 안에 쌓이게 되는 법입니다. 결국 꾸준히 열심히 한 사람은 살아남습니다."

"결국 경영자로서 남다른 역량을 키우라는 말씀이시군요. 오늘도 주옥 같은 처방전을 주셨네요. 명심하겠습니다."

청계천의 물은 한양도성을 잇는 내사산에서 흘러온다. 높은 곳에서 낮은 곳으로 흐르는 것이 물의 속성이다. 백악산 대은암천에서, 인왕산 백운동천과 옥류동천 그리고 목멱산 남소문동천에서 청계천으로 물이 모인다. 청계천 물길의 시작은 경복궁 금천이다. 경복궁 금천의 시작은 경회루와 향원정의 물이다.

경복궁 궁담길 따라 놓인 동서남북 4개 궁문 중 정문은 광화문이다. 광화문 좌우로 해치가 2층 누각과 3개의 홍예문을 밤낮으로 지키고 있다. 광화문을 들어서면 또다시 문을 만난다. 경복궁 근정전을 향하는 길은 겹겹이 문이다. 흥례문에서 근정전과 백악산이 어렴풋이 보인다. 흥례문을 지나면 금천이 그 모습을 드러낸다. 청계천의 비밀이자 경복궁 물길의 열쇠가 이 금천에 있다.

경복궁은 수많은 장마와 홍수에도 잠기지 않았다. 종묘와 사직단 그리고 궁궐에 물길이 있었기 때문이다. 한양도성 안과 밖에도 수많은 물길과 옛길이 있었다. 경복궁 안 근정전과 경회루가 조선의 상징이다. 경회루는 600여 년 전 가장 경관이 좋은 곳으로 경회루의 물은 고여 있어 보이지만 썩지 않았다. 경회루지가 고여 있지 않고 흐르고 있기 때문이다. 그 비밀은 경회루지 아래 박석이다. 물 바닥은 평평하지 않고 기울기가 있고, 용천이 솟아올라 윗물을 밀어내어 금천을 지나 청계천에 모인다. 샘물은 끊임없이 차고 맑은 물로 샘솟아 물을 순환시켰다.

경복궁 정문에서 북문까지는 거의 일직선이다. 광화문을 지나 흥례문, 흥례문을 지나 근정문, 사정문, 왕과 왕비의 침전인 강녕전과 교태전을 지나 경복궁 후원으로 가는 길에 북문이 있다. 현무가 그려진 백악산 기슭 후원을 향하는 신무문이 마지막 궁문이다. 한양도성에 인의예지 사대문이 있듯, 경복궁 궁담길에도 봄·여름·가을·겨울을 알리는 건춘문·광화문·영추문·신무문의 네 개의 문이 있다.

경복궁역에서 10분 정도 걸으면 산이 나타난다. 너럭바위와 통돌 사이로 계곡물이 흐른다. 옥구슬 구르듯 물소리가 옥류동천을 향한다. 바로 300여 년 전 겸재 정선을 만날 수 있는 곳이다. 겸재는 이곳에서 84세까지 작품을 벗 삼으며 살았다.

산과 산이 이어지고, 천과 천이 모이고, 인왕산과 백악산이 병풍처럼 감싸고 있는 서울은 하나의 거대한 산이다. 인왕산 수성동계곡과 백악산 백사실계곡은 물이 맑고 공기가 좋다. 수성동계곡 1급수 맑은 물은 청계천을 향해 흐른다. 백사실계곡 1급수 청정한 물은 홍제천을 향해 간다. 굽이굽이 길고 긴 청계천과 홍제천은 한강에서 만나 서해로 향한다. 산은 스스로 나누어지고, 강은 하나로 만난다.

서울은 어디에서나 삼각산을 볼 수 있다. 삼각산은 백운대, 만경대, 인수봉 봉우리 3개가 뿔처럼 연결되어 병풍처럼 펼쳐진 울울창창한 깊은 산이다. 600여 년 전 태조 이성계와 왕사 무학대사 및 삼봉 정도전이 오르내리던 진산이다. 무학대사와 정도전은 삼각산에서 한양을 내려다보며 천년 도읍지를 정했고, 인왕산과 백악산을 오르내리며 한양의 주산을 놓고 설전을 벌였다.

광화문 역사광장에서 걸어서 10분 안에 산이 있고 길이 있다. 인왕산 자락은 봄·여름·가을·겨울 4계절 24절기가 아름답다. 인왕산은 화강암으로 둘러싼 바위산으로 기암괴석이 가득하다. 선바위, 모자바위, 책바위, 삿갓바위, 해골바위, 범바위, 치마바위 그리고 거대한 기차바위가 찾는 이를 설레게 한다.

'와행우보(蝸行牛步)', 달팽이와 소의 걸음처럼 느릿느릿 산속 길을 한 걸음 한 걸음 걸어가는 시간여행은 이내 역사가 된다.

Lesson 4

원형방황에서 벗어나는 방법

나 대표와 최 소장은 일주일 후 다시 만났다. 이번 시간은 숙정문에서 심우장까지 걸으면서 생존을 위한 길을 모색해가기로 했다. 나 대표가 먼저 질문을 하나 던졌다. 늘 수동적으로 하던 방식을 지양하고 능동적으로 수업에 임하기로 한 것이다.

"소장님, 올해 들어 매출이 급격히 줄어들고 게다가 수익성도 뚝 떨어져서 밤잠을 설친 적이 한두 번이 아닙니다. 사업이란 게 하루 만에 반전이 되는 것도 아니고 해서 더러는 사업을 접을까 하는 생각도 했습니다. 그런데 소장님과 대화하면서 마음을 다잡아가고 있습니다. 오래전에 서울대 이면우 교수가 주장한 이론이 하나 있습니다. 바로 '황포돛대이론'입니다. 내용인즉 '어디로 가는 배일지 모를 때는 절대로 노를 젓지 말아야 한다. 어디로 가는지 모를 때는 아무것도 하지 말고, 만사를 제쳐 두고 어디로 갈까만 생각해야 한다.' 저에게 위안을 주는 메시지이긴 합니다만 해결책은 못 되었습니다. 오늘은 이런 화두로 말씀을 해주셨으면 합니다."

"그런 고충이 있으시군요. 아주 좋은 질문을 해주셨습니다. 우선 '원형방황'이란 이야기를 해드리고 싶습니다. 혹시 들어보신 적이 있을까요?"

"금시초문입니다."

"사막에서 있었던 일입니다. 한 남자가 사막을 건너다 방향을 못 잡아 길을 잃었습니다. 광야 같은 사막에서 아무리 궁리해도 방향을 잡을 수가 없었습니다. 이렇게 방황하다 보니 겁이 덜컥 나기 시작했습니다. 왜냐하면 사막은 낮에는 40도가 넘는 고온이고, 밤엔 기온이 영하로 떨어지기 때문입니다. 그러나 그 남자는 마음만 앞섰지 한 치도 앞으로 갈 수가 없었습니다. 이렇게 헤매다가 사람 발자국을 발견합니다. 그는 '아! 이 발자국을 따라가면 마을이 나오겠구나!' 생각하고 그 발자국을 따라갔습니다. 그러나 안타깝게도 그렇게 한참을 가도 마을은 나오질 않았습니다. 몹시 당황해서 어쩔 줄 모른 채 계속 갔습니다. 그러자 발자국이 2개가 있는 것을 보고 그 발자국을 따라갔습니다. 그래도 마을이 나오지 않았습니다. 그러다가 발자국 3개가 있는 것을 보고 '이젠 살았구나!' 하고 그 발자국을 따라갔으나 마을은 나오질 않았습니다. 또 헤매다 발자국이 6개 정도 있는 것을 발견하고 그 길을 따라갔으나 나오지 않았습니다. 해가 질 무렵 그는 결국 포기하고 말았습니다. 도대체 그 발자국은 누구의 발자국이었을까요?"

"그 길을 간 사람 중 죽은 사람들 것이 아닌가요?"

"바로 그 남자의 발자국이었습니다. 남자는 자기 딴에는 방향을 제대로 잡고 걸었으나 약 20m마다 4m씩 빗나간 것이었습니다. 그래서 6km 정도 큰 원을 그리면서 제자리로 온 것입니다. 그렇게 빙빙 도는 것을 '원형방황(圓形彷徨)'이라고 합니다. 원을 그리면서 방황을 한다는 것이지요."

"왜 이런 일이 벌어진 것일까요?"

"사막을 건너려면 기준을 잡고 걸어야 합니다. 그러니까 낮에는 나침반을, 밤에는 북극성을 보고 걸어야 한다는 것이지요. 그런데 이 남자에겐 나침반이 없었던 것입니다. 누구나 살면서 변화를 도모하고 성공을 꿈꾸는데 달라지는 게 없는 경우가 허다합니다. 왜 그럴까요? 어떤 기준이나 방향 없이 살기 때문이라고 생각합니다."

"경영자로 치면 비전, 목표, 목적이 없는 것이겠네요. 기업에서 왜 이런 현상이 벌어지는 걸까요?"

"왜 이것을 하는지에 대한 깊은 생각이 없기 때문입니다. 예전에는 제품을 생산해 놓으면 다 팔렸지만 지금은 그런 시대가 아니라는 거지요."

이야기에 집중하며 걷다 보니 두 사람은 어느새 심우장에 도착해 있었다.

"이곳은 만해 한용운 선생이 살던 집입니다. 한용운 선생은 삶의 방향이 분명했던 분들 중 한 분이지요. 끼니를 이을 수 없는 궁핍한 생활 속에서도 시와 수필을 쓰셨습니다. 또한 소설을 기고하면서 11년간 집필생활을 하며 나를 찾고 나라를 되찾으려고 마지막까지 변함없이 독립운동을 했습니다. 아쉽게도 독립을 보지 못한 채 돌아가셨지만요. 넓은 세계를 찾아 불경 공부와 참선에 열중했고, 불교의 개혁과 불경의 대중화를 위해서도 힘썼습니다. 민족대표 33인 중 백용성과 한용운은 불교계를 대표하는 인물로, 독립만세운동을 하다가 징역 3년을 선고받았습니다. 출옥 후에도 민족운동을 변함없이 펼쳤고, 1940년 창씨개명 반대운동과 1943년 학병 출정 반대운동도 전개했습니다. 이 분의 삶에서 무엇을 배울 수 있을까요?"

"일제강점기 극심한 탄압 속에서도 타협하지 않고 의연한 자세를 유지한 점이지 않을까요?"

"맞습니다. 경쟁이 치열한 이 시대에도 그 정신이 발휘되어야 합니다. 이젠 무엇을 하든지 'Why'를 고민해야 합니다. 무엇을 시작하거나 혁신, 변화를 도모할 때 이 개념을 갖고 시작하면 큰 탈이 없다는 것입니다. 가령 간단하게 '왜 내가 이것을 하는가?' 이와 같은 질문을 한번 해보면 되는 것입니다. 목적을 생각하는 작업이라고 보시면 됩니다. 업의 개념을 생각하셨으면 합니다.

　세계적인 기업인 S그룹 업무 시스템에는 '5 Why'라는 게 있습니다. '5 Why'란 어떤 문제를 해결하기 위해 '왜'라는 질문을 지속적으로 해가는 방식입니다. 예를 들면 제가 '보험 시장은 상황이 어렵습니다' 라고 보고하면 회장님은 이렇게 묻습니다. '왜 어렵지?' 거기에 제가 '이러저러해서 어렵습니다'라고 대답하죠. 그러면 또 질문이 날아옵니다. '왜 그렇지?' 이런 식으로 문답이 다섯 번만 계속되면 결국 근본적 문제에 닿게 됩니다. 문제를 찾아 대책을 세워나가는 데 있어 '왜'를 계속 제기하는 것은 과거 지향적이지만 '무엇'과 '어떻게'로 생각하면 미래 지향적으로 전환될 수 있습니다. '왜'를 찾는 사람과 '무엇'과 '어떻게'를 찾는 사람의 사고방식의 차이는 아주 크다고 봅니다. 저는 이것을 '생각 구조 조정하기'라고 말합니다. 그러자면 다음과 같이 '5 Why'를 생활화해야 합니다."

- 왜 싱크대 수도꼭지에는 페달을 달지 않는가?
- 왜 냉장고 문은 슬라이드 형으로 만들지 않는가?
- 왜 세금계산서는 그렇게 되어 있는가?
- 왜 목욕한 물은 그냥 버려져야 하는가?
- 왜 자동차의 연료 주입구는 양쪽에 만들지 않는가?
- 왜 내 명함은 이런 식인가?

- 왜 냉장고는 네모인가?

"네, 저도 한번 'Why 리스트업'을 해보겠습니다."

- 왜 회의를 하는가?
- 왜 이 제품을 개발해야 하는가?
- 왜 고객이 우선인가?
- 왜 재택근무를 하면 안 되는가?
- 왜 친환경인가?

"성공하는 경영자는 머리가 말랑말랑합니다. 지금 하고 있는 일을 무작정 할 게 아니라 이것을 왜 하는지 생각해 보시길 바랍니다. 그리고 그 일에 '5 Why'를 덧붙여 보세요. 인간이라면 누구나 갖고 있는 자산이 있습니다. 바로 '생각'입니다. 이 자산은 누구에게나 공평하게 주어집니다. '5 Why'로 생각의 크기를 키워 주시기 바랍니다. 이젠 '방황'하지 마시고 '방향'을 잡아가셨으면 합니다."

도성 안과 밖은 기나긴 성벽을 경계로 나뉜다. 도성 안은 북촌인 삼청동, 도성 밖은 북정마을 성북동이다. 골목골목을 내려오면 삼각산 북쪽을 바라본 집 한 채가 향나무와 함께 있다. 바람은 차갑고 눈발이 휘날려도 따뜻한 온기가 전해지는 한옥이다. 잃어버린 나를 찾는 곳, 바로 심우장(尋牛莊)이다.

만해 한용운의 생애 유일한 집이다. 만해는 택호를 심우장으로 정하고 이곳에서 11년 집필생활을 하며 삶을 마무리했다. '나'를 찾고 나라를 되찾으려 마지막까지 변함없이 독립운동을 했다. 아쉽게도 독립을 보지 못한 채 그의 시구처럼 님은 갔다. 하지만 심우장은 90년 세월 동안 수많은 사람들에게 마음의 안식처가 되었다.

1879년 충청도 홍성에서 태어난 한용운은 월정사와 백담사에서 연곡 스님을 만난다. 넓은 세계를 찾아 끊임없이 연마하면서 불교 교리를 대중들에게 쉽게 전파하기 위해 『불교대전』을 편찬하기도 한다. 또한 1918년 잡지 〈유심〉에 계몽적인 글과 문학에 관심을 표출한다. 그 당시 최남선과 최린, 백용성도 〈유심〉에 글을 기고하며, 1919년 3·1독립선언서의 기초를 쌓았다.

민족대표 33인 중 백용성과 한용운은 불교계를 대표하는 인물이다. 한용운은 독립선언서의 공약 3장에 '최후의 1인까지 최후의 일 각까지 정당한 의사를 쾌히 발표하라'라는 구절을 삽입하고 선언한 다. 만천하가 만세소리에 깨어났다. 태화관에서, 탑골공원에서. 기념 비각에서, 대한문 앞에서, 남대문역에서, 경성역에서 독립만세운동 은 불꽃이 되어 전국적으로 번졌다. 만해 한용운은 체포 후 법정 최 고형인 징역 3년을 선고받는다. 출옥한 후에도 민족운동을 변함없이 펼쳤다.

한용운은 독립운동가로 민족지도자로서 1940년 창씨개명 반대운 동과 1943년 학병출정 반대운동도 쉼 없이 전개했다. 끼니를 이을 수 없는 궁핍한 생활 속에서도 시와 수필을 쓰고, 소설을 기고하는 작가이자 교육자였다. 일제강점기 극심한 탄압 속에서도 타협하지 않고 의연한 자세를 유지했다. 하지만 1944년 해방되기 1년 전 성북 동 심우장에서 세상과 이별한다.

한용운의 시처럼 이별과 갈등, 희망과 만남은 끈처럼 연결되어 있 다. "행백리자 반어구십(行百里者 半於九十)"이라는 말은 '백 리를 가려는 자는 구십 리를 가고서 반쯤 갔다고 여긴다'는 뜻이다. 세상사 어떤 일이나 처음은 쉽지만 마무리가 어렵다.

Lesson 5

자신의 성을 허물어라

한양도성 걷기가 생활화된 나 대표는 언제부터인가 이런 생각이 들었다. '성은 왜 쌓았을까?' 언뜻 생각하기엔 적의 침략을 막기 위함이지만 흡족한 답은 아니었다. 뻔한 질문에 뻔한 답을 얻고 싶지 않았다. 그래서 이 의문을 화두로 잡고 최 소장에게 솔루션을 얻기로 했다.

이번 수업 장소는 카페로 잡았다. 며칠이 지난 후 나 대표는 약속 장소로 나갔다. 최 소장이 먼저 나와 있었다. 둘은 커피를 마시며 이런저런 이야기를 나누다가 나 대표는 마음에 품고 있던 질문을 던졌다. 최 소장은 엉뚱하고 뜻하지 않은 질문에 다소 당황해하는 표정을 지으면서 말을 이었다.

"당연히 의문을 가지실 것 같습니다. 물론 제가 그 시대 사람이 아니라서 정답을 말할 수는 없겠지만 먼저 이런 질문을 드리고 싶습니다. 고든이라는 사람이 꿀벌과 파리를 대상으로 실험했습니다. 캄캄한 장소에서 꿀벌과 파리를 차광 유리병 속에 넣고, 병 밑면을 빛이 있는 창문 쪽으로 놓아두었습니다. 꿀벌과 파리 중 누가 먼저 밖으로 나왔을까요?"

"꿀벌이 부지런하니까 꿀벌이 먼저 나왔을 것 같습니다."

"아닙니다. 꿀벌보다 파리가 먼저 병에서 나왔습니다. 곤충은 보통 빛을 향해 날아다니는 속성이 있으니 당연히 꿀벌과 파리도 빛이 있는 창문 쪽을 향해서 날아다녔지만 병 속에서 나올 수 없었습니다. 꿀벌은 '어둠 속에서 출구를 찾는 길은 빛이 있는 밝은 쪽으로 가야 한다'라는 너무나도 논리적인 사고를 한 겁니다. 이 고정관념으로 인하여 계속 병 밑면만 향해 날아다니다가 결국 지쳐 굶어 죽을 때까지도 출구를 찾아내지 못합니다. 그러나 파리는 어느 정도 시행착오를 거치고 난 뒤에 반대쪽 병 입구로 향했고, 결국 빠져나오게 됩니다. 오래전 칭기즈 칸이 한 말이 있습니다. '성을 쌓으면 죽는다.' 즉 안주하고 만다는 겁니다."

"그러니까 성은 안전하긴 하지만 자가당착이 되기도 한다는 이야기네요."

"그 생각을 한번 더 비틀어 보면 '과연 성은 안전한가?'라는 의문이 생깁니다. 그리고 다소 비약적일 수 있지만 성 안에 있으면 성 밖을 잘 모른다는 겁니다. 성이 오히려 고립을 자초할 수 있다는 것이죠. 그러면 성 밖은 더 새로운 환경 또는 장애물로 인식될 수 있다는 것입니다. 과거에는 지식과 지능, 경험이 풍부할수록 오히려 더 큰 장벽을 세웠습니다. 새로운 방법보다는 지금껏 해왔던 방법으로만 해결하려고 했던 것입니다. 경험과 지식이 많았던 꿀벌은 새로운 환경에 대한 대응을 과거 방식대로 고집하다가 결국 죽음에 이르게 되지만 파리는 과거 방식을 고집하지 않았기 때문에 새로운 환경을 극복할 수 있었던 것입니다. 이 이야기는 중소기업을 하는 자수성가형 CEO에게 암시하는 바가 아주 크다고 볼 수 있습니다.”

“제 경영철학과 아집 등이 얼마나 무모한 것인지 되돌아보게 됩니다.”

“그렇다고 대표님이 경영을 잘못하고 계시다는 건 아닙니다. 비전 상실 증후군이라고 들어보셨나요?”

“아뇨. 비전 상실 증후군이라……”

“뜨거운 물에 개구리를 넣으면 살기 위해 튀어나오지만 개구리가 가장 좋아하는 온도를 맞춰주면 튀어나가지 않습니다. 온도를 조금씩 상승시켜 44℃가 될 때까지 개구리는 헤엄을 치면서 가만히 있습니다. 이렇게 적응한 개구리는 자신이 서서히 삶아지는지도 모른 채 있다가 죽는 겁니다. 이를 ‘비전 상실 증후군’이라고 합니다. 사람도 조직도 매한가지입니다. 끓는 물 속 개구리와 별반 다를 게 없습니다.

변화하는 환경 속에서 누구나 안주하기를 좋아합니다. 안주하는 것은 잘못 탄 에스컬레이터와 같습니다. 상향 에스컬레이터를 타지 않고 잘못해서 하향 에스컬레이터를 탄 경우를 보겠습니다. 그대로 서 있기만 하면 아래로 내려갑니다. 오르기 위해서는 필사적으로 뛰어야 합니다. '절박함'은 변화를 낳기 마련입니다. 그렇다면 오늘 질문에 대한 답을 드리겠습니다. 왜 성을 쌓았을까요? 바로 안주하려고 한 겁니다. 혹시 경영을 하는데 나만의 성을 쌓고 있지는 않은지 고민해보시길 바랍니다."

나 대표는 최 소장의 처방전에 한 방 맞은 듯했다. 성을 쌓고 있는 자신을 호되게 질책하는 것 같았기 때문이다. '자신의 성(城)을 허물고 성(城) 밖을 보겠다'고 마음속으로 다짐했다.

Roadology 신중하라! 겨울에 시냇물을 건너듯
경계하라! 사방의 이웃을 두려워하듯

60년 풍상 세월 눈 깜짝할 사이 흘러 / 복사꽃 활짝 핀 봄 혼인하던 그해 같네 / 살아 이별 죽어 이별 늙음을 재촉하니 / 슬픔 짧고 즐거움 길어지니 그 은혜에 감사하네

60년 해로한 부부의 인연을 가슴 절절한 시로 옮긴 다산 정약용의 「회근시(回졸詩)」다. 다산은 여유당에 모인 친인척과 후학들에게 마지막 인사를 나눈다. 그리고 회혼일(回婚日)에 한 살 위 부인 홍혜원에게 회근시를 바치고 여유당 위 동산에서 눈을 감는다.

정약용은 한강을 따라 너른 광주(廣州)에서 나고 죽었다. 어린 시절 아버지는 귀농(歸農)으로 호를 지어주며 고향에 머물기를 바랐다. 어머니의 죽음으로 큰 형수 곁에서 유년시절을 보내고, 한양도성 안 목멱산 자락 회현동에서 혼인 후 초시와 회시 그리고 대과 과거에 급제한다. 젊은 시절 배다리 주교(舟橋)를 설계하고 만들며 정조와 함께 개혁을 꿈꾼다. 이윽고 수원 화성(華城)을 축성하고, 부강한 미래를 구체적으로 설계한다.

광주부 초부면 마현(馬峴)에서 태어나 꿈을 펼치던 정약용에게 큰 시련이 온다. 정조의 죽음과 함께 고향의 상징인 양수리 여유당(與猶堂)

에서 40세에 폐족이 된다. "여(輿)함이여, 겨울 냇물을 건너듯, 유(猶)함이여, 사방을 두려워하라. 부득이한 경우가 아니면 그것을 삼가라." 노자의 도덕경의 글처럼 여유당을 지키지 못하고, 겨울에 시냇물을 건너듯 18년 유배길을 떠난다. 한강을 건너 검단산을 넘어 남한산을 지나 장기 유배 후 강진으로 이배된다. 산속에서 생각을 모으고 다산(茶山)으로 글을 쓰고 후학들과 희망을 심는다.

18년 유배기간 중 멀리 떨어진 두 아들과 딸에게 끝없는 당부 말을 전한다. 책 읽기를 권하며 폐족의 아픔과 홀로 여유당을 지키는 부인에게 미안함을 글로 전한다. 18년 유배를 끝내고 58세 노년의 나이에 해배된 후 '열수(洌水)'라는 호를 쓰며 남양주 조안면 여유당에서 말년을 보낸다.

그는 과골삼천(踝骨三穿) 복숭아뼈가 세 번이나 뚫리는 아픔에도 499권의 경집과 문집을 편찬했다. 『경세유표』, 『목민심서』, 『흠흠신서』는 진정한 리더가 꼭 읽어야 하는 역사와 철학이 깃든 책들이다.

유네스코 세계유산은 정약용을 연구할 가치가 있는 인물로 선정한다. 다산 연구소에서도 〈다산학〉이라는 하나의 학문으로 그를 재조명하고 있다.

Lesson 6

나를 알아야 변화할 수 있다

　나 대표는 지난주 최 소장과 수업을 마친 뒤 고민에 빠져 있었다. 과연 자신은 지금 어떤 성을 쌓고 있는지, 왜 그 성을 허물지 못하고 있는지 등의 생각으로 머리를 비울 수가 없었다. 잠시 짧은 여행을 통해 자신만의 시간을 가져 볼 생각도 했지만 여건이 되질 않았다. 게다가 월말이라 자리를 비운다는 게 두렵기도 했다. 궁여지책으로 간부들과 차담을 하면서 그들의 이야기를 듣기로 했다.

　나 대표는 일찍 업무를 마치고 간부들과 만났다. 오늘은 말을 하지 않고 경청하는 시간을 갖기로 했다. 그리고 조직 내 어떤 성들이 쌓여 있는지 찾아보기로 했다. 예정에 없던 자리라서 간부들은 몸을 사리고 입을 열지 않으려고 했다. 그래서 1차를 마치고 자리를 옮겨 조직 안에서 들리는 이야기에 주목했다.

그리고 다음날 간부들에게 하루 휴가를 주었다. 물론 나 대표도 하루 시간을 갖고 생각의 굴레에서 벗어나려고 했다. 어느새 나 대표는 핸드폰으로 최 소장의 전화번호를 누르고 있었다.

"소장님, 혹시 회사 근처에 왔는데 찾아뵈어도 될까요?"

"그럼요. 마침 저도 막 강의 준비를 마쳤습니다."

나 대표는 인근 상가에서 과일과 음료수를 사 가지고 최 소장의 사무실로 갔다.

"이렇게 불쑥 찾아와서 죄송합니다."

"아닙니다. 이렇게 찾아 주시니 좋습니다. 무슨 고민이 있으신가요?"

"고민은 아니고요. 지난주 수업을 듣고 저희 회사에 있는 성을 찾아보려고 노력을 많이 했습니다. 간부들과 한 잔 하면서 주로 경청을 해보았습니다. 조직 내 곳곳에 그간 제가 쌓은 성들이 제법 있더라고요. 오늘 하루 휴가를 내고 해결책을 찾아보기로 했습니다. 그런데 제가 마땅히 갈 곳이 없어서 결국은 소장님 사무실로 발길을 옮기고 말았네요."

"아주 잘하셨습니다. 그럼 함께 해결책을 찾아보기로 하지요."

"제가 보따리를 하나 갖고 왔습니다. 다음 주에 간부들과 '우리는 지금 무엇을 고민해야 하는가?'라는 주제로 전략회의를 하기로 했습니다. 오늘 대화를 통해 모티브를 잡았으면 합니다."

"잘 알겠습니다. '나이아가라 증후군'이라는 것이 있습니다. 혹시 들어보셨는지요?"

"아닙니다. 금시초문입니다."

"나이아가라는 세상에서 가장 아름답고 웅장한 폭포입니다. 이 폭포는 폭이 작고, 깊이가 낮은 천에서 시작합니다. 인생이나 경영이나 강물이나 다름없습니다. 그러니까 어디로 가겠다는 구체적인 결정도 하지 못한 채 그냥 흘러가는 것이죠. 게다가 얼마 지나지 않아 여러 가지 사건과 변화를 겪게 됩니다. 바위를 만나기도 하고, 다른 물과 합류되기도 하지만 언제나 그저 물길을 따라 흘러갈 뿐입니다. 덧없이 흘러간다고나 할까요. 그런데 우리는 대개 이렇게 무의식적인 상태로 살다가 어느 날 갑자기 물결이 빨라지고 요동을 치는 소리에 놀라 깨어납니다. 그때서야 몇 미터 앞에 '나이아가라'가 있음을 발견합니다. 그러곤 폭포 낭떠러지로 이내 추락하고 맙니다. 이런 후회스러운 삶을 살지 않으려면 무엇을 해야 할까요? 전략을 짜야 합니다. 그것도 남다른 전략이어야 합니다. 왜 그럴까요? 국가든 기업이든 직장인이든 생각해야 할 것은 두 가지입니다. 무엇이라고 생각하시는지요?"

"혹시 생존과 경쟁 아닐까요?"

"맞습니다. 그래서 다음 주 전략회의를 하실 때 바로 이 두 가지에 대해 대화를 나누었으면 합니다. 그렇다고 거창할 필요 없습니다. 이야기를 들어주시면 됩니다. 그렇게 되면 대안이나 해결책을 직원들이 내놓을 것입니다. 이렇게 자연스럽게 성이 허물어지면 저절로 성 밖이 보이기 마련입니다."

"아! 알겠습니다."

"흔히들 내려놓으라고 합니다. 내려놓는다는 건 무엇을 말할까요?"

"혹시 자신의 것을 포기하는 건 아닐까요?"

"제 생각은 조금 다릅니다. 내려놓는다는 건 편견과 선입견을 버리는 것입니다. 여기 종이컵이 있습니다. 제가 이 컵에 대표님께서 사 오신 주스를 따르겠습니다. 자, 이 컵을 들어보세요. 과연 얼마나 오래 들고 계실 수 있을까요? 지금은 가볍지만 하루종일 들고 계시진 못합니다. 그렇다면 어떻게 해야 할까요?"

"힘들면 내려놓으면 되지요."

"바로 그것입니다. 대표님이 그냥 컵을 내려놓으시면 참 편합니다. 그런데 지금까지는 별거 아닌데 양손에 컵을 쥐고 계셨던 것입니다. 지금 어떤 자세로 일하고 있는지 생각해 보시기 바랍니다. 대표님의 생존력과 경쟁력은 결국 일에 대한 자세에 달려 있다고 보시면 됩니다. 어차피 하는 일이라면 재미있게 해야 합니다. 더 이상 일의 포로가 되어 질질 끌려다녀서는 안 됩니다. 늘 일의 중심에 서 계셔야 합니다. 그래야 세상이 달라 보일 것입니다."

"내려놓음을 이렇게 정리해주시네요. 참 대단하십니다. 그러면 제가 무엇을 해야 할까요?"

"대표님만의 터닝 포인트를 만들어야 합니다. 변화를 위한 계기를
마련하라는 이야기입니다. 누구나 무엇을 하든지 생존하려면 변화가
따라야 한다는 것이지요. 사실 저를 비롯해 누구나 변화를 위한 계
기를 만든다는 것이 말처럼 쉽지는 않습니다. 그러나 제아무리 힘찬
독수리라 해도 날개를 힘차게 젓지 않고는 살아남기 어려운 경쟁의
시대입니다. 다음과 같은 질문을 던져 보셨으면 합니다. 이것을 '자신
에게 태클 걸기'라고 합니다.

- 나는 왜 사는가?
- 생존을 위한 나의 포트폴리오 전략은 무엇인가?
- 나는 어디에 인생을 걸고 살고 있는가?
- 인생에서 얻고 싶은 것은 무엇인가?
- 내가 되고 싶은 것은 무엇인가?

이런 원초적인 질문들을 해보시기 바랍니다. 물론 이러한 질문에
명확한 대답을 할 수 없을 것입니다. 그러나 이런 사소한 작업이 바로
터닝 포인트의 시작이자 불씨라는 점을 명심해야 합니다. 변화를 위
한 계기를 만들려면 절실해야 합니다. '죽기 아니면 까무러치기'라는
생각이 있어야 합니다. 이것은 대표님께서 세상에 보여 줄 수 있는 최

후의 정신 자세이자 최후의 보루나 다름 없습니다. 돌파구가 마련되지 않으면 막판 뒤집기 한 판을 시도해 보는 것도 무리는 아닐 것입니다. 대표님께서 태평양 한가운데에서 조난당했다고 치겠습니다. 살아남으려면 가장 먼저 챙겨야 할 것은 무엇일까요? 나침반, 기름, 식량 등이 있겠지만 가장 먼저 챙겨야 할 것은 자신의 현 위치입니다. 이것을 알아야 구조를 요청할 수 있기 때문이지요. 시간을 내셔서 최소한 하루만 써 보시기 바랍니다. 자신의 속도, 방향, 그리고 좌표를 갖고 자신을 제대로 보셨으면 합니다. 지금 어느 속도로 어느 쪽으로 어디쯤 가고 있나요? 이것은 오직 대표님만이 알고 있습니다."

"죽기 아니면 까무러치기로 혁신해 보겠습니다."

한강 건너 태령산을 지나면 산이 많고 들이 넓은 진천이다. 진천은 충북과 충남 그리고 경기도의 접경 지역으로 삼국시대 김유신이 태어나 태실이 있는 역사적 요충지다. 생거진천(生居鎭川), 살아서는 진천 땅이 좋다고 했다. 이곳은 안중근 의사가 가장 존경했던 인물 보재 이상설이 태어난 곳이다.

이상설은 스러져가는 조국을 위해 헤이그 특사로서 만국회의에 열정을 다 바친다. 돌아올 수 없는 땅, 돌아오기 위해 머나먼 길을 떠난다. 진천에서 한양으로, 한양에서 용정으로 그리고 연해주 블라디보스토크로 정처 없이 길을 걷는다. 밝게 빛나는 한인 마을을 세우고, 끝없는 교육을 위해 서전서숙을 만든다.

"나라를 잃어 나라를 울고, 집을 떠나 집을 울고, 이제 몸 둘 곳 조차 없으니 몸을 우노라"

이상설이 생의 마지막에 읊은 시다. 블라디보스토크 신한촌에서 하바로브스키까지 독립운동을 하며 온몸이 만신창이가 된다. 망명 후 10여 년 만에 가족들과 짧은 재회를 한 후 47세 청춘의 나이에 이 국땅에서 외롭게 잠든다. 100여 년 전 우리의 슬픈 역사가 흐른다.

살을 에는 바람에도 보재 이상설 생가에 햇빛이 계속 머문다. 탱자나무로 둘러싼 이상설 생가의 울타리에 햇빛이 머물고 꽃망울이 피듯 이상설이 꿈꾸던 봄날은 돌아왔다. 돌아오기 위해 떠나야 했던 길처럼, 그 길 위에서 길을 찾아야 한다.

산과 산은 이어지고, 천과 천은 만나고 길이 끝나는 곳에 새로운 길이 있다.

변화에도 골든타임이 있다

나 대표는 지난주 최 소장과의 대화를 통해 자신의 속도, 방향을 찾고 자신을 제대로 보기 위해 노력했다. 본질을 알기 위해서였다. 이렇게 하니 업계 내 자신의 역량도 점검할 수 있었다. 나 대표는 더욱더 정신을 차리고 미래를 향해 나가야 한다고 속으로 다짐했다.

이번 주 수업을 위해 서대문역으로 향했다. 역 앞에서 최 소장을 만나 돈의문 터를 거쳐 정동길로 향했다.

"소장님! 오늘은 어떤 주제로 말씀해 주실 건가요?"

"오늘은 '골든타임'이라는 주제로 말씀드리고 싶습니다. 잘 아시는 것처럼 병원에서 생(生)과 사(死)를 오가는 환자의 목숨을 다투는 시간을 골든타임이라 합니다. 교통사고 환자의 경우는 1시간, 심근경색은 90분, 뇌졸중은 3시간 안에 제대로 된 의료처치를 하지 않으면 환자를 구할 수 없다고 하지요. 말하자면 절대 놓칠 수 없는 시간입니다. 영화 〈명량〉을 보면 이순신 장군이 이렇게 말합니다. '모든 삶과 인생에는 골든타임이 있다' 즉 골든타임을 잃는 것은 곧 돌이킬 수 없는 후회만 남는다는 말입니다."

"저도 어렴풋이 기억납니다. 그 영화를 너무 재미있게 봤거든요."

"저는 강의장에서 '지금까지 살아오면서 가장 즐거웠던 때, 행복했던 순간은 언제입니까?'라는 질문을 가끔 합니다. 많은 사람들이 어릴 적 친구들과 소꿉장난 치던 때나 중·고등 시절이 가장 기억에 남는다고 합니다. 또는 새로운 삶의 계기가 된 때를 말하기도 합니다. 말하자면 인생의 골든타임은 미래가 아니라 과정인 셈입니다.

'서재막급(噬臍莫及)'이란 고사성어가 있습니다. 사냥꾼에게 잡힌 사향노루가 자신의 배꼽 향내 때문에 자기가 포획됐다고 생각했습니다. 그래서 스스로 자신의 배꼽을 씹어서 제거하려 했으나, 이미 잡힌 뒤라 때를 놓쳐서 죽을 수밖에 없었습니다. 모 드라마 대사 중에 이런 말이 나옵니다. '우리에게 매일 매일 똑같아 보이는 날들을 특별하고 의미 있게 만들어 가는 것, 그것이 인생이다' 지금 이 순간을 '씹을 서(噬)'와 '배꼽 제(臍)'의 노력을 기울인다면 의미 있는 소중한 시간이 될 것이라고 봅니다. 우리 인생의 가장 소중한 날이 '지금'이라 생각해 보시기 바랍니다. 매일 똑같아 보이는 날들을 특별한 날로 만들어간다면 지금 이 순간이 인생의 골든타임일 것입니다."

"아하! 지금이 바로 골든타임이라는 말씀이군요?"

"그렇습니다. 재미있는 우화 한 토막을 소개하겠습니다. 메뚜기가 길 가던 하루살이를 폭행했습니다. 그러자 하루살이가 친구 수십만 대군을 이끌고 메뚜기에게 복수하기로 했습니다. 하루살이는 메뚜기를 포위하고 마지막 소원이 있으면 말하라고 했습니다. 그러자 메뚜기가 "내일 싸우면 안 될까?"라고 했습니다. 그런데 하루살이에게는 내일이 없고 오늘만 있습니다. 대개 변화를 도모하자고 하면 바로 하지 않고 다음부터 하자고 합니다. 변화에도 골든타임이 있습니다. 개인·기업·국가에 공통적으로 적용되는 사자성어가 하나 있습니다. 혹시 아시겠습니까?"

"혹시 '흥망성쇠(興亡盛衰)'아닐까요?"

"맞습니다. 살아있는 건 흥하면 언젠가 망한다는 것입니다."

"왜 그럴까요?"

"여러 이유가 있겠지만 저는 한 치 앞도 내다볼 수 없는 고도의 복잡성 때문이라고 생각합니다. 그래서 우리는 생존을 위해 변화와 혁신을 해야 합니다. 혁신이란 '과거와는 다른 새로운 생각이나 방식으로 일하는 것'을 말합니다. 영어로 'Innovation'입니다. 'Innovation'에서 'Nova'는 라틴어로 '새롭다'라는 뜻입니다. 그런데 혁신(革新)이란 단어를 한자로 풀어보면 '가죽 혁'에 '새 신'입니다. 이것을 나름 해석해보면 '갓 벗겨진 동물의 껍질(皮, 가죽 피)을 두무질해서 새로운 가죽(革, 가죽 혁)을 만드는 일'입니다. 정상 범위에서 산다는 것은 때론 창조성과 변화의 쾌락을 옭아매는 올가미가 되기 쉽습니다. 그런데 많은 사람들은 평탄하게 살고 싶어 합니다. 그러나 인생은 그 본질 자체가 평탄하지 않습니다. 파도와 같이 변화의 연속입니다. 파도를 잠재울 수 있는 사람은 없습니다. 잠재울 수 없다면 어떻게 해야 할까요? 파도를 즐기는 것입니다. 마음껏 미쳐 세상의 굴곡을 느껴보는 겁니다. 거기서 창조적 쾌감을 만날 수 있습니다. 파도에 맞서지 말고 서퍼들처럼 파도에 올라타 즐기는 겁니다. 그리고 파도와 함께 나아가는 겁니다."

"변화와 혁신에 대해 새삼 배우게 됩니다. 정말이지 한 대 얻어맞은 것 같습니다. 본질을 제대로 봐야겠습니다."

"제가 강의할 때 맨 마지막 자료화면에 보여주는 글이 있습니다. '하얀 도화지 위에 그림을 그리면 내 그림이요. 황무지에 말뚝을 박으면 내 땅이다.' 우리나라 근대화를 앞당기고 전례 없는 부강한 나라로 만드는 데는 기업인들이 큰 몫을 했다고 생각합니다. 이들은 남이 간 길을 따라간 것이 아니라 길을 만들어 갔습니다. 저는 이런 사람을 '창조적 파괴자', '퍼스트 무버'라고 부릅니다. 이들은 1등을 추구하는 게 아니라 1호를 추구하고, 경쟁자가 없기 때문에 승자독식(勝者獨食)하는 것입니다. 선점효과를 톡톡히 보는 셈이죠. 이젠 나만의 북극성을 만들어 그 누구보다 먼저 가는 자가 성공하는 시대입니다.

무엇을 하든 상관없습니다. 먼저 가느냐 아니면 남이 간 길을 따라가느냐는 큰 차이가 납니다. 혹시 대표님께서도 무엇을 해야 할지 모르는 상황을 겪고 계시다면 간단한 성공 방정식을 구축하시기 바랍니다.”

“간단한 성공 방정식이란 무엇일까요?”

“이 세상과 싸우지 말고 자신과 싸우셔야 합니다. 그리고 1호에 도전장을 내밀어야 합니다. 흔히들 말하는 ‘블루 오션’이라고 보시면 됩니다. 세상은 넓고 대표님께서 해야 할 일은 많습니다. 그래서 누구나 1등은 할 수 없지만 누구나 성공할 수 있다고 저는 강조합니다. 한마디로 말해 성공은 1등이 아니라 1호입니다. 2007년 8월 발사된 우주왕복선 엔데버 호에 쓰인 추진 로켓의 너비는 4피트 8.5인치(143.51cm)였습니다. 기술자들은 추진 로켓을 좀 더 크게 만들고 싶었지만 그럴 수 없었습니다. 열차 선로 폭이 문제였습니다. 로켓은 기차로 옮겨지는데, 중간에 터널을 통과하려면 너비를 열차 선로 폭에 맞춰야 했기 때문입니다. 그럼 열차 선로의 너비는 어떻게 정해졌을까요?”

“글쎄요.”

“19세기 초 영국은 석탄 운반용 마차 선로를 지면에 깔아 첫 열차 선로를 만들었습니다. 영국 마차 선로 폭은 2천여 년 전 말 두 마리가 끄는 전차 폭에 맞춰 만들어진 로마 가도의 폭이 기준이었습니다.

레를 벗어나지 못하고 있는 것입니다."

"그렇다면 이런 굴레에서 벗어나려면 무엇을 해야 할까요?"

"평소 하던 대로 생각하지 않는 것입니다. '사라질 것인가' 아니면 '살아갈 것인가'입니다. 대표님, 잘해오고 계십니다. 지금 하신 일에 더 자부심을 가져보시기 바랍니다. Be hubris!"

둘은 대어를 낚은 양 자부심이 가득한 채 눈앞에 펼쳐진 한양도성 성곽길을 걸어갔다.

Roadology 홀로 있을 때 더욱 더 삼가라

경희궁 정문인 흥화문은 왠지 초라하고 외롭게 서 있다. 서궐로 불렸던 경희궁의 웅장함이 없다. 서대문역을 향해 가다 보면 성벽은 보이는데 성문은 없다. 돈의문(敦義門) 터로 흔적만 보이고, 서대문은 없다.

도성 밖을 나가면 빌딩과 빌딩 사이로 옛 저택이 보인다. 일제강점기 3대 부자였던 최창학의 서양식 건물이다. 지하의 넓은 공간과 1, 2층 높은 층간 건물이 지금도 손색이 없다. 1938년 지어진 '죽첨장(竹添莊)'이다. 1945년 11월 백범 김구에게 집무실로 사용케 한다. 상해 임시정부의 요인들이 환국하여 '경교장(京橋莊)'으로 이름을 바꾼다. 대한민국 임시정부 마지막 활동공간이다. 백범 김구의 집무실이자 숙소이며, 서거한 역사적인 공간이다.

낙타산 아래 이승만의 이화장, 백악산 아래 김규식의 삼청장, 그리고 인왕산 아래 김구의 경교장은 대한민국 정부수립 이전 3대 역사적 공간이다. 경교장은 무악재에서 발원한 만초천에 놓여진 큰 다리 경구교(京口橋)에서 따온 이름이다. 국내와 국제문제의 가교 역할을 한 건국운동과 통일운동의 성지로 민족 진영 인사와 국민들의 만남의 장이었다.

대한민국의 혼이 살아 숨 쉬는 경교장은 70여 년 전이나 지금이나 사색의 길이다. 거대한 현대 건축물과 고층 아파트 사이에서 70여 년을 버티고 있다.

인왕산 성곽이 멈추는 곳, 경희궁과 돈의문이 마주하는 곳, 경교장에서 백범(白凡)이 되어 홀로 신중하게 길을 걸어보자.

숨겨진 것보다 더 잘 드러나는 것은 없으며, 작은 것보다 더 잘 나타나는 것은 없다. 그러므로 군자는 홀로 있을 때 삼가는 것이다.

2장

상생의 길

Lesson 1

공감을 넘어 공명하라

나 대표는 그동안 최 소장과 나눈 대화를 통해 '같이 하면 가치를 창출한다'는 처방전을 스스로 내렸다. 이번 주 간부회의는 사내에서 하지 않고 인근 식당에서 점심을 먹으면서 하기로 했다. 그리고 '같이 하면 가치를 창출한다'라는 문구를 우선 각 부서와 현장에 표어 형식으로 붙여서 직원들의 자발적인 동참을 유도하기로 했다. 혼자 독주하지 않겠다고 다짐하며, '톱다운(top-down)' 방식의 수직적 조직문화에서 '보텀업(bottom-up)' 방식의 수평적 조직문화를 세팅하기로 했다. 이렇게 마음을 정하니 몸이 따라가는 것 같아 최고경영자로서의 몫을 제대로 할 것 같았다.

이렇게 한 주를 박진감 있게 보낸 건 창업 초기 때 말고는 없었다. 가능한 한 모든 것을 위임하고 자신은 방향을 잡아가는 키 맨(key man)의 역할을 하기로 한 셈이다.

나 대표는 금요일 오전에 최 소장에게 문자를 넣어 가능하면 토요일 새벽에 만나기로 했다. 언젠가 새벽 산행을 하면 어떨까 하는 생각이 있었기 때문이다. 최 소장은 나 대표의 제안을 흔쾌히 승낙하고 토요일 오전 6시에 인왕산 앞에서 만나기로 했다.

나 대표는 일찍 약속 장소에 나왔다. 본격적인 초여름 날씨라 새벽이지만 아주 상쾌하고 좋았다. 10분 뒤에 최 소장이 도착했다. 이른 시간이라 사람도 별로 없어 조용했다. 나 대표는 지난주 사내에서 있었던 상황을 이야기하며 질문을 던졌다.

"마음을 내려놓으니 제가 얼마나 시시콜콜했는지 알 수 있었습니다. 마음이 편해지니까 몸도 편해지더군요. 물론 직원들 반응도 좋고요. 그렇다면 이 시점에서 최고경영자로서 무엇을 해야 할까요?"

"이젠 큰 그림을 그리셔야 합니다. 대표님께서는 '배려'라는 큰 화두를 잡으신 걸 보면 사람의 중요성을 아시는 것 같습니다. 배려는 나보다는 남이 우선이라는 겁니다. 다르게 말씀드리면 리더보다 부하가 우선인 것입니다. 그래서 저는 오늘의 주제를 '공명(共鳴)'으로 생각해 보았습니다. 사람의 중요성을 공감하셨으니까 이젠 사람으로부터 울림이 있어야 합니다. 가치 창출은 누가 하지요?"

"그거야 직원이 하지요."

"그렇습니다. 직원의 울림이 없으면 이것 역시 공염불에 불과합니다. 다시 말해 공명이 없으면 아무리 좋은 혁신도 다 필요 없다는 이야기입니다. 그래서 오늘은 어떻게 하면 직원으로부터 울림을 들을 수 있을까에 대한 이야기를 했으면 합니다."

둘은 걸음을 재촉했다. 40여 분 정도 걷다가 나 대표가 준비해온 과일과 음료로 배를 채우고 본격적인 수업에 들어갔다.

"대표님, 이 세상에서 가장 중요한 영어 단어 4개는 무엇일까요? 이 질문을 들은 사람들은 어리둥절해합니다. 관점에 따라 다양한 의견을 내놓기도 하지요."

"혹시 'I deeply love you' 아닐까요?"

"바로 'What do you think?'입니다. 조직이든 국가든 가장 중요한 것은 그 안의 구성원이 무슨 생각을 하고 있느냐입니다. 생각은 모든 결과물의 시작이기 때문입니다. 우리나라는 인류 역사상 유례없는 급성장을 하여 국민소득 3만 달러 국가에 진입했습니다. 그러나 이런 강국이 되는 과정에서 크게 잘못한 점이 있습니다. 바로 소프트웨어에 틈이 많다는 것입니다. 그중 가장 두드러지는 것은 바로 '생각력', '마인드웨어(mind-ware)'입니다. 이 부분이 가장 취약하다고 생각합니다. 간단히 정리하면 마인드웨어는 하드웨어와 소프트웨어의 합성어입니다.

저는 강의할 때 참석자들에게 '올해 최고경영자의 경영방침은?'이라는 질문을 던지곤 합니다. 이 질문에 대부분은 무척 당황해합니다. 왜 그럴까요? 아무 생각이 없거나 아니면 모르기 때문입니다. 경험상 보면 대개 차장급 사원부터 부장급 관리자들까지 모르는 경우가 흔합니다. 그야말로 리더 따로, 부하 따로입니다. 좋은 기업이나 조직에는 한 가지 특징이 있는데 그건 바로 '한 목소리와 한 방향 정렬'을 한다는 것입니다. 이것이 시너지(synergy)를 만들어 큰 성과를 낳습니다. 조직이나 국가에서 가장 중요한 것은 바로 구성원의 '마인드웨어'입니다. 조직은 어떤 동기부여가 있으면 '한 목소리'를 내게 됩니다.

이솝우화에 나오는 이야기를 하나 하겠습니다. 자식들과 입씨름으로 진저리가 난 한 아버지가 있었습니다. 그래서 아버지는 말로서는 자식들을 설득하기가 어렵다는 생각 끝에 무엇인가 실제 사례를 보여 납득시키겠다는 궁리를 해냈습니다. 아버지는 자식들에게 한 다발의 싸리나무를 가져오게 했습니다. 그리고 그것을 한 다발로 묶어서 한 사람 한 사람에게 그것을 꺾어보게 했습니다. 아무도 그것을 꺾을 수 없었습니다. 그다음 그 다발을 풀어 한 가지씩 꺾어 보게 했습니다. 그랬더니 모두가 쉽게 해냈습니다. 한참 후 아버지가 자식들에게 '너희들 형제가 힘을 합해 뭉치는 한 누구라도 너희들을 당해낼 사람은 없을 것이다. 하지만 서로 마음이 통하지 않아 따로 떨어지게 되면 곧 공격을 당해 꺾어지고 말 것이다'라고 말했습니다."

"그렇다면 공명을 위해 무엇을 해야 할까요?"

"리더와 구성원 간의 믿음과 신뢰가 있어야 합니다. 성공하는 조직은 팀워크를 통해 시너지를 창출해내는 조직이라고 볼 수 있습니다. 말씀드린 것처럼 대표님께서 어떻게 하느냐에 따라 1+1은 1도 2도 3도 될 수 있고, 나아가 1+1=∞라는 기적 같은 결과도 낳을 수 있기 때문입니다. 조직은 하모니라고들 합니다. '나 하나쯤이야' 하는 생각이 조직을 무력하게 만들기도 합니다. 구성원 모두가 목표를 향해 '한 방향 정렬'을 해서 매진할 때 그 시너지가 내는 파워는 무한합니다. 꿈은 매우 중요합니다. 누구나 이루고 싶은 꿈이 있습니다. 돈을 많이 벌어 백만장자가 되고 싶은 꿈, 자기 분야에서 성공하고 싶은 꿈, 출세하고 싶은 꿈 등 다양한 소망을 가지고 살아갑니다. 이루고자 하는 꿈은 막연하기도 합니다. 꿈을 꿈으로만 생각한다면 자고 일어나면 그만입니다. 꿈을 이루기 위해서는 좀 더 구체화시켜야 합니다."

"그것이 무엇일까요?"

"바로 비전입니다. 비전을 생생하게 그려보면 실현 가능성은 높아질 것입니다. 월트 디즈니는 대규모 유원지 '디즈니랜드'를 만들 것을 계획하고 설계하여 만들다가 디즈니랜드를 완성하기 전에 유명을 달리했다고 합니다. 세월이 흘러 디즈니랜드 완공식 날 미망인에게 어떤 이가 말했습니다.

"참 섭섭하시겠어요. 남편이 이 기쁜 자리에 함께했다면 얼마나 좋을까요."

"아뇨. 제 남편은 이미 완공된 모습을 다 봤답니다."

"아니, 완공하기 전에 남편이 돌아가셨는데요?"

"네, 남편은 돌아가셨지만 생전에 이곳이 완공되기 전에 마음의 눈으로 그 설계대로 완성되었음을 봤답니다."

이 대답에 그 사람은 큰 감동을 받았습니다. 미래에 대한 상상은 공유해야 합니다. 조직의 비전을 CEO나 상위직 몇 명만 알고, 하위 부서까지 전달이 되지 않는다면 효과가 없습니다. 만약 상위 직원이 비전 달성을 위해 노력하더라도 현장 생산자나 판매사원 등 하위 직원이 조직의 비전을 전혀 모른다면 회사의 비전이라 할 수 없습니다. GE 잭 웰치 회장이 이런 말을 했습니다. '우리는 명확한 비전을 가지고 있다. 그리고 이 비전을 나부터 조직의 가장 하위 직원까지 모두가 공유하고 한 방향으로 나아가야 한다.'"

"상상력을 통한 비전의 공유가 공감을 낳고, 공감이 공명을 낳는다고 보면 되겠네요."

"그렇습니다. 먼저 해결해야 할 과제를 선정하고, 문제점을 분석하고, 해결 대안을 찾아야 합니다. 그리고 대안을 실행했을 때의 모습을 상상합니다. 그리고 신문기사 내용까지도 상상해 봅니다. 이렇게 하면서 구체적 목표가 생기게 되는 것입니다."

"소장님, 어떻게 하면 우리 조직에 시너지를 한껏 불어넣을 수 있을까요?"

"우선 모두가 '널뛰기 선수'가 되었으면 합니다."

"아니 '널뛰기 선수'가 되라니 무슨 말씀이신지요?"

"널뛰기에서 내가 높이 오르려면 먼저 상대를 위해 힘차게 도움질을 해주어야 자신 또한 높이 오를 수 있지요. 물론 상대를 높이 올려줄수록 자신도 더 높이 오르게 마련입니다. 나보다는 상사와 부하를, 나의 이익보다는 상사와 부하의 이익을 생각하는 마음이 필요합니다. 가령 대표님께서 힘과 정성을 다해 상대를 위해 뛰는 만큼 그로부터 시너지가 나오는 것입니다."

"그렇군요. 결국 상대에 대한 배려네요."

"언제 어디서 총에 맞아 죽을지 모르는 '서바이벌 게임'이 따로 없는 게 요즘 기업의 현실입니다. 그런데 이 서바이벌 게임을 피해갈 수는 없으니 이 게임을 남보다 좀 더 철저히 분석하고 그에 맞는 생존전략을 세우는 수밖에 달리 방도가 없습니다. 절망할 필요는 없습니다. 대표님의 몸도 정신도 마음도 '우리는 하나'라는 생각으로 완전무장 하면 됩니다. 커피숍에서 주문한 커피가 너무 뜨거우면 기다렸다가 적당히 따뜻할 때 마시면 입맛에 맞습니다. 그런데 누군가와 대화를 하거나 책을 보거나 노트북 작업을 할 때, 시간이 조금 길어지면 어느새 커피가 식어버립니다. 그러면 따뜻한 커피 맛을 잃게 됩니다.

따뜻함을 유지하면서 커피 한 잔을 다 마시려면 어떻게 해야 될까요? 방법은 커피가 식지 않게 계속 가열을 하거나 보온을 유지해 주는 노력을 기울여야 합니다. 그렇지 않으면 커피가 식어버립니다. 커피의 따뜻함을 유지하기 위한 노력처럼 혁신의 일도 지속적으로 노력하고 관리해야만 합니다."

나 대표는 이날 수업을 마치면서 최 소장에게 색다른 부탁을 했다. 여건이 되면 나 대표 회사를 한번 방문해달라는 부탁이었다. 회사도 소개하고 시간이 되면 직원들에게 특강도 해달라고 했다. 최 소장은 아주 좋은 생각이라면서 주중에 회사에서 보기로 했다.

Roadology 따뜻한 마음은 세월을 이겨낼 수 있다

인왕산과 목멱산 사이 성곽이 호랑이 꼬리처럼 펼쳐져 있다. 성벽과 성문이 이어진다. 산 정상에서 내려오는 길은 높지만 그다지 험하지 않다. 바위가 많고 나무가 울창하다. 순환도로에 도착하면 도성 안과 밖이 한눈에 들어온다. 사직동과 무악동이 경계다. 480여 년을 살아온 은행나무가 이 마을의 수호신처럼 우뚝 서 있다. 도원수 권율장군의 집터가 행촌동(杏村洞)이다.

오래된 성벽과 오래 산 은행나무 옆에 붉은 벽돌집이 있다. 서양식 근대 건축으로 지하 1층, 지상 2층의 붉은 벽돌 구조다. 시간이 잠시 멈춘 듯 비장하고 고요하다. '딜쿠샤 1923(DILKUSHA 1923)'라고 쓰여 있다. '기쁨과 이상향, 행복한 마음이 전해지는 꿈의 궁전'이라는 산스크리트어다. 광산 엔지니어이자 UPI 통신원으로 3·1운동과 독립선언서를 전 세계에 타전한 미국인 앨버트 테일러의 집이다.

앨버트 테일러는 3·1운동 후 지방 곳곳에 이어진 만세운동도 기사를 써서 알렸다. 화성 제암리 학살사건도 그와 스코필드가 있어 가능했다. 그는 일제강점기 사업가로서 그리고 언론인으로서 혹독한 시간을 보냈다. 태평양 전쟁이 임박하자 그는 서대문 형무소에, 부인인 메리 테일러는 딜쿠샤에 가택 연금된다. 이후 강제 추방되어 영영 돌아올 수 없는 길을 떠난다.

꽁꽁 묶여 있던 딜쿠샤의 비밀은 아들 브루스 테일러가 방문하면서 알려졌다. 브루스 테일러는 1919년 2월 28일 세브란스병원에서 독립선언서와 함께 태어났다. 어린 소년은 87세 노구가 되어 책 한 권을 가지고 한국으로 돌아와서 인왕산 성벽 아래 드넓은 집터, 커다란 은행나무와 큰 우물이 있던 15,000평 규모의 딜쿠샤에서의 추억을 되새겼다. 3·1운동 100주년이 되는 해에는 손녀인 제니퍼 테일러가 기증한 유품으로 〈딜쿠샤와 호박목걸이〉라는 주제로 전시회도 열었다.

태평양을 사이에 두고 먼 길 따라 길 위에 서 있다. 시간이 흘러도 변하지 않는 게 있다. 비바람이 불어도 번개가 쳐도 따뜻한 마음은 그 세월을 이겨낼 수 있다. 추위가 가고 봄이 오면 딜쿠샤 옆 은행나무에 연두색 싹이 필 것이다. 수백 년을 그랬던 것처럼.

Lesson 2

휴먼 파트너십

이번 주 수업은 혜화문-흥인지문 구간을 걷기로 했다. 약속한 장소에 일찍 도착한 나 대표는 여느 때와 달리 조금은 긴장한 모습으로 최 소장을 기다리고 있었다. 멀리 최 소장이 보이자 아주 반갑게 손짓을 했다. 이 모습을 본 최 소장은 빠른 걸음으로 다가왔다.

"대표님! 일찍 나오셨네요. 많이 바쁘셨죠? 슬슬 가시죠."

둘은 총총걸음으로 성곽길로 접어들었다.

최 소장이 질문을 했다.

"오늘은 제가 주제를 정하는 것보다 대표님이 정하시기 바랍니다."

"네, 사실 저희가 'Be hubris 운동'을 시작했습니다. 전담팀을 만들고 이 운동을 구체적으로 실천하려고 합니다. 그래서 어떻게 시작해야 할지 소장님과 함께 고민해 보려고 합니다."

"와우! 아주 잘하셨습니다. 대표님은 뭔가 생각을 하시면 바로 실천에 들어가시네요. 이런 점은 저도 배워야 할 부분입니다."

"아닙니다. 과찬이십니다."

"자, 그럼 'Be hubris' 실행을 위한 이야기를 해보겠습니다. 우선 결론부터 말씀드리겠습니다. 바로 '파트너십을 키워라'입니다. 본격적인 설명에 앞서서 대표님께 간단한 질문을 하나 드리겠습니다. 진정한 리더는 무엇이라고 생각하시는지요?"

"음, 리더는 바로 앞서가는 자가 아닐까요?"

"저는 리더를 '성과자(Performer)'라고 말하고 싶습니다. 이 말은 리더의 가장 큰 소임은 조직을 위한 성과를 창출하는 일이라는 것입니다. 전문가들은 성과를 내는 이들 중 아주 탁월한 사람을 '스타 퍼포머(Star Performer)'라 부릅니다."

"'Leader=Performer'라는 공식이 나오네요."

"그렇습니다. 우리나라 중견그룹의 한 총수는 우리 국민에게는 신기(神氣)가 있다고 합니다. 그것은 무엇일까요?"

"혹시 흥이 아닐까요?"

"비슷한 단어인데 바로 '신바람'입니다. 제가 기업에서 강의할 때 자주 인용하는 'Leader-Follower-Performance'라는 리더십 공식이 있습니다. 이것을 쉽게 풀이하면 '리더는 부하를 통해 성과를 내는 사람'이라는 것입니다. 이것을 달리 말하자면 리더의 승패는 '부하의 신기'에 달려 있다는 것입니다.

대표님과 함께 간단한 게임을 해보겠습니다. 우선 파트너를 구해야
합니다. 그다음 게임을 할 수 있는 작은 공간을 찾기 바랍니다. 그 공
간을 찾으셨으면 그 자리에 앉으세요. 물론 마주 보고 앉으면 안 되
고, 등을 대서도 안 됩니다. 그리고 다리를 90°로 오므리고, 깍지를
낀 두 손을 무릎 위에 올려놓습니다. 그런 상태에서 한번 일어나 보
시기 바랍니다. 물론 바닥을 짚거나 해서는 안 됩니다."

나 대표는 최 소장이 지시하는 대로 해보았다. 그러나 일어설 수가
없었다. 안간힘을 써도 일어서질 못했다.

"안되는데요?"

"누구나 일어날 수 없습니다. 그렇다면 일어날 수 있는 방법은 없을
까요?"

"글쎄요."

"방법은 간단합니다. 파트너를 이용하는 것입니다. 상대 등에 대표
님 등을 대고 등을 서로 힘차게 밀면서 일어나 보는 겁니다. 누구나
아주 쉽게 일어날 수 있습니다. 저는 이것을 '파트너십(Partnership)'
이라고 말합니다."

"아하, 나 혼자 하는 게 아니라 서로 파트너에 의지하면 되네요. 리
더는 혼자 북 치고 장구 치는 게 아니라 파트너와 함께해야 한다는
말씀이시네요?"

"그렇습니다. 어떻게 보면 일은 부하가 하는 것이지 리더가 하는 것은 아니라고 봅니다. 리더는 방향을 제시하는 것이지요. '2·6·2 법칙'이란 게 있습니다. 혹시 들어보신 적이 있으신지요?"

"금시초문입니다."

"어느 생태학자가 개미의 일하는 모습을 유심히 관찰했습니다. 그런데 개미가 모두 열심히 일하는 것 같지만 사실은 그렇지 않더라는 것입니다. 이들을 나름대로 구분해보니까 일하는 방식에 따라 3가지 부류가 있었습니다. 열심히 일하는 계층이 20%, 중간이 60%, 게으름을 피우는 계층이 20% 정도 되더라는 것이었습니다. 생태학자는 '열심히 일하는 계층'을 따로 떼어놓아 보았습니다. 재미있는 건 '열심히 일하는 계층'도 아주 열심히 하는 계층이 20%, 중간이 60%, 덜 열심히 하는 계층이 20%가 되더라는 것입니다. 이와 같은 현상은 인간 세상에게도 적용된다고 이 학자는 주장하고 있습니다.

그러면 이 시점에서 대표님께서 추진하시려는 'Be hubris 운동'으로 눈을 돌려보겠습니다. 조직에서 어떤 경영 혁신을 하기 위해 정책을 펼치면 대개 20%는 적극 찬성, 20%는 적극 반대, 그리고 나머지 60%는 설득 여하에 따라 위로 붙기도 하고 아래로 붙기도 한다는 것입니다. 좀 더 쉽게 설명드리면 앞의 20%는 가만히 놔둬도 따르고, 뒤의 20%는 아무리 노력해도 좀처럼 따르기 어려운 부류이니 중간의 60%를 적극 설득하는 것이 중요하다는 것이 바로 '2·6·2' 전략입니다. 그렇다면 조직 내 혁신이 꼭 구성원들만의 문제는 아닌 것 같습니다. 리더가 해야 할 것은 무엇일까요?"

"아주 좋은 질문입니다. 저는 세 가지 종류의 리더가 있다고 생각합니다. 첫째는 '3류 리더'입니다. 이런 리더는 자기 일만 열심히 하는 사람입니다. 둘째는 '2류 리더'입니다. 이런 리더는 부하나 동료와 힘을 모아 일을 하는 사람입니다. 마지막으로 '1류 리더'는 부하를 키워가는 사람입니다. 흔히들 조직은 하나의 오케스트라라고 합니다. 이 오케스트라는 다양한 악기를 통해 멋진 선율을 관중에게 내놓는 것입니다. 바로 구성원 모두가 자기가 맡은 자리에서 자신의 소임을 다함으로써 '최고의 성과(High Performance)'를 내는 것이지요. 바로 앞서 소개한 '파트너십'을 제대로 발휘하는 셈입니다."

"그렇다면 리더인 제가 어떻게 하면 최고의 성과를 낼 수 있을까요?"

"최고의 성과를 위한 방법을 하나씩 처방해보겠습니다. 첫째, 'E=MC²' 공식을 익혀라! E=MC²이란 'E(Enthusiasm)는 M(Mission)과 C(Cash) 그리고 C(Congratulation)'에 비례하여 증가한다는 것입니다. 구성원들은 칭찬과 격려 그리고 보상을 먹고 산다는 점을 명심해야 합니다. 구성원들에게 '당신은 실력이 탁월하다. 당신은 이 일을 해낼 수 있다. 나는 당신을 믿는다'라는 신뢰를 주는 강력한 메시지를 지속적으로 주는 것이 중요하지요. 그리고 조직원들 간에는 끊임없는 격려의 구호가 넘쳐나는 분위기 조성이 필요합니다. 또한 이에 따른 적절한 보상을 해주는 일도 중요합니다.

둘째, '&+' 법칙을 실천하라! 이것은 인류 최초로 에베레스트를 정복한 에드먼드 힐러리 경의 이야기입니다. 과연 힐러리 경은 혼자 에베레스트 정상에 올랐을까요? 물론 아닙니다. 그는 용기와 인내, 끈기로 위대한 역사적 위업을 달성했습니다. 하지만 뒤에서 그들을 뒷바라지했던 40명의 세르파와 700명의 포터가 없었다면 결코 성공할 수 없었을 것입니다.

&+ 기호를 한번 보겠습니다. 이 기호는 함께(&)와 플러스(+)가 합성된 기호입니다. 즉 둘 중 하나를 버리는 대신 함께 어울려 성과를 내는 것을 말합니다. 그러니까 진정한 리더는 자신보다는 조직을 우선해야 합니다. 이 과정을 밟지 않고 시너지는 나오지 않기 때문입니다."

"결국 혁신을 혼자 하면 안 된다는 거군요?"

"그렇습니다. 셋째, 산울림의 법칙을 배워라! 우리가 산에 올라가서 아무 말도 않고 서 있으면 건너편 산 역시 아무 소리 없이 서 있습니다. 그러나 이쪽에서 '야호!' 하고 소리를 치면 저쪽 산에서도 고함소리가 들려옵니다. 이것이 바로 산울림의 법칙입니다.

자동차 왕 '헨리 포드'는 자동차 회사를 만들 때 산울림의 법칙을 사용했습니다. 저렴한 가격으로 자동차를 생산해서 모든 사람에게 교통의 편리를 제공해주는 것이 그의 사업 목적이었습니다. 그 목적을 달성하여 마침내 큰 부자가 되었습니다. 오늘날 많은 사람들은 우리가 손에 물질을 쥐고 있으면 그것이 모아져 앞으로 잘될 거라 생각합니다. 우리가 손으로 뭉쳐서 만든 눈 뭉치를 자꾸 굴리면 그 눈덩이가 커지는 것을 볼 수 있습니다. 바로 진정한 파트너십이란 이런 것을 말합니다.

넷째, 사이드미러와 백미러를 보아라! 혁신 활동을 하다 보면 자칫 착각에 빠지는 경우가 종종 있습니다. 앞만 보고 달리다 보면 많은 것을 놓치기 쉽습니다. 가끔씩 달리던 것을 멈추고 제자리에 서서 옆과 뒤를 돌아보는 여유가 필요합니다. 특히 최고경영자는 더욱 그러합니다. 여유를 두고 보면 그동안 놓쳤거나 잃었던 것을 되찾을 수 있습니다. 이를 위해서 '사이드미러'와 '백미러'를 자주 보는 습관을 길러야 합니다. 그래야 내 주변의 상사·부하·동료의 진면목이 보이기 때문입니다. 이들의 도움 없이 '성공'이라는 고기를 낚을 수 없기 때문입니다.

다섯째, 잘 들어라! 성공하는 리더의 바퀴는 '4륜구동'이 아니라 '5륜구동'이라고 생각합니다. 5륜구동이란 겸손, 경청, 배려, 감사, 실력입니다. 진정한 리더가 되려면 당신의 5륜구동을 체크해 볼 일입니다. 다섯 개 바퀴 중 어느 곳에서 삐걱거리는 소리가 나는지 곰곰이 살펴보시는 것입니다. 왜냐하면 21세기 리더는 태어나는 게 아니라 만들어지는 것이기 때문입니다. 항상 말씀드리지만 대표님 혼자

북 치고 장구 치던 시절은 이미 오래전에 끝났습니다. 당신의 전문성을 극대화하여 가치를 높이고, 자기 전문성을 빌려주는 대가로 다른 사람의 전문성을 빌려 쓰는 '휴먼 파트너십'을 잘 구축하는 데 성공의 키워드가 있습니다. 잘 구축된 대표님의 '휴먼 파트너십'은 스스로 움직이며 스스로 증식하기 마련입니다. 대표님이 시작하시려는 Be hubris의 성패는 바로 휴먼 파트너십에 달려 있습니다."

둘은 오늘도 수업을 통해 한 단계 성장하는 시간을 갖게 되었다. 나 대표는 그간 고민해온 여러 가지 문제를 하나씩 처리해갈 수 있었다. 둘은 일정이 있어 다음 주엔 한 주 쉬기로 하고 집으로 향했다.

목멱산은 한양도성의 남쪽 산으로 남산이라 불리지만 인경산(引慶山)
으로도 불렸다. 그리고 마치 달리는 말이 안장을 벗는 모습으로 '마
뫼'라고도 하였다. 또한 인왕산에서 내려온 산줄기는 한강을 향해 휘
어져 솟아 '열경산(列慶山)'이라고도 하였다.

구름에 둘러싸인 아름다운 산과 울창한 숲을 300여 년 전 겸재 정
선은 〈목멱산도〉로 표현하였다. 양천 궁산 소악루에서 바라본 목멱
산의 해 뜨는 풍경은 〈목멱조돈〉으로 그렸다. 아름다운 산과 진경산
수가 바로 이곳에 있다.

목멱산(木覓山)의 도성 안과 밖에는 수많은 사연이 전해 온다. 진달래
꽃과 복숭아꽃이 가득한 목멱산 성곽길에는 지혜로운 선인들의 상
(像)이 많다. 소월길에 있는 소월 김정식의 소월 시비, 도서관 앞 퇴계
이황과 다산 정약용 상은 시민들에게 위안과 용기를 준다.

1919년 2월 8일 오후 2시 일본 유학중이던 조선청년독립단 대표
최팔용과 이광수는 독립선언서를 작성하고 낭독했다. 2·8 독립선언
은 국내에 알려져 3·1운동과 대한민국 임시정부 수립의 도화선이 되
었다.

3·1운동은 안중근 의사에서 비롯됐다. 안중근 의사는 1909년 10

월 26일 오전 9시 30분경 하얼빈역 의장대 사열 10보 앞까지 뚜벅뚜벅 걸어갔다. 탕! 탕! 탕! 브라우닝 권총 3발에 이토 히로부미가 무릎을 꿇었다. '코레아 우라! 대한민국 만세! 만세! 만세!' 안중근 의사의 간절한 외침이 하얼빈에 울려 퍼졌다.

그는 이토 히로부미를 죽인 15가지 이유를 말하며 동양평화론을 설파한다. 독립운동가 어머니 조 마리아는 뤼순 감옥에 있는 장남에게 마지막 편지를 보낸다. 안중근 의사는 어머니가 직접 만들어 준 비단 수의를 입고 1910년 3월 26일 10시 형장의 이슬이 된다.

짧은 시간에 수많은 유묵과 책을 집필하며 31세 젊은 나이에 순국한 안중근 의사는 봄비 내리는 3월 뤼순 감옥 묘지에 침관된다. 안타깝게도 효창원에 가묘만 있을 뿐이다.

역사는 흐르고 또 다른 시작을 알린다. 목멱산 정상에 오르기 전 안중근 의사 상(像)이 우뚝 서 있다. 그 옆에 110여 년 전 안중근 의사의 유묵이 돌에 새겨져 있다. '견리사의 견위수명(見利思義 見危授命)', 이로움을 보거든 의를 생각하고, 위태로움을 보거든 목숨을 바치라는 마지막 말씀이다. 안중근 의사의 손도장이 가슴을 두드린다.

Lesson 3

팀보다 강한 개인은 없다

　수업을 한 주 건너뛰기로 한 나 대표는 자기중심적인 젊은 구성원들에 대해 고민하기 시작했다. 근무 경력이 제법 되는 관리자들은 조직 중심적이라 어떤 변화의 메시지를 던지면 나름 받아들였다. 문제는 MZ세대들을 어떻게 한 방향으로 정렬시켜서 조직의 시너지를 내느냐였다. 이런저런 고민에 빠진 나 대표는 녹음해 놓은 지난 수업 내용을 리뷰하기로 하고 꼼꼼히 들어보았다. 어떻게 하면 이런 변화를 이끌어낼 수 있을까 생각하며 자료를 찾다가 다음과 같은 글을 보게 됐다.

　'바다거북은 산란기가 되면 바닷가로 올라와 500개에서 많게는 1,000개의 알을 낳는다. 어미 거북은 먼저 모래 속 깊이 구덩이를 판 다음 100개 정도의 알을 무더기로 낳은 후 모래를 끌어모아 그 위를

덮는다. 이런 식으로 10차례 알을 낳는다. 그렇다면 부화한 새끼 거북이들은 어떻게 모래 웅덩이를 빠져나올까? 새끼 거북이들은 역할 분담과 협력을 통해 빠져나온다. 구덩이에서 막 깨어난 새끼들 중 꼭대기에 있는 녀석들은 천장을 파내고, 가운데 있는 것들은 벽을 허물고, 밑에 있는 녀석들은 떨어지는 모래를 밟아 다지면서 다 함께 밀면서 밖으로 기어오른다. 그래서 다른 실험을 해보았다. 알을 한 개씩 묻어 놓았더니 27%, 두 개씩 묻어 놓았을 때는 84%, 네 개 이상 묻어 놓으면 거의 100%가 알에서 깨 구덩이 밖으로 탈출한다고 한다. 바로 함께하는 마력이다.'

지난 수업 말미에 최 소장이 강조한 'Lead가 아니라 With다'라는 메시지가 생각났다. 그렇다면 어떻게 해야 할까? 스스로 솔루션을 찾아 나서기로 했다. 회사에 맞는 맞춤형 해결책을 만들어 보기로 한 것이다.

일단 노트에 'Me'라는 단어를 크게 쓰고 계속해서 보았다. 그러던 중 'M'자를 무심코 거꾸로 해보았다. 그렇게 하니 'W'가 되는 것이었다. 'Me'가 'We'가 되는 것이었다. 나 대표는 무릎을 쳤다. 'M'을 'W'로 바꾸려고 하지 말고 'M'을 뒤집자는 생각을 했다. 그러자면 무엇을 해야 할까? 그간 수업의 결과인지는 몰라도 마치 자신이 컨설턴트가 된 듯한 착각마저 들어서 흥분을 감출 수가 없었다.

일찍 퇴근해 평소 혁신업무에 능통한 김 대표를 만나기로 했다. 마침 컨설턴트 출신 김 대표가 흔쾌히 허락해서 사무실로 찾아갔다.

커피를 뽑아 들고 김 대표 사무실 인근을 걸으면서 나 대표는 그간 있었던 일을 상세히 전하고 고민거리를 털어놓고 아이디어를 구했다. 김 대표는 전문 분야라 지극 정성으로 다해 고민을 함께 풀어 갔다. 김 대표가 다음과 같은 이야기를 했다.

"나 대표! 런던의 헨리(Henley)연구소가 성공한 팀들을 분석한 자료가 있는데 그 결과가 매우 흥미로워. 똑똑한 사람들로만 구성된 기업이나 조직보다 다양한 능력과 사회적 배경을 가지고 있는 기업이나 조직의 성공 확률이 더 높다는 거야."

"의외네. 그게 어떤 의미를 지니지?"

"인적자원의 적재적소 배치 및 활용이 매우 중요하다는 걸 뜻해. 물론 기업의 성장과 발전에 있어서 창조적 소수의 역할이 매우 중요한 건 사실이지만 이 연구에 의하면 조직 구성원들의 능력에 따라 역할이 잘 배분될 때 팀의 성공 확률이 높았다는 거지."

"그렇구나. 내가 오늘 너에게 상담받고 싶은 건 어떻게 하면 MZ세대 직원들을 한 방향 정렬시키느냐는 거야."

"다들 그런 고민들을 하더라. 그렇다고 해결책이 없는 건 아니지."

"그래? 어떤 해결책?"

"팀보다 강한 개인은 없어. 이건 예전이나 지금이나 변함이 없지. 쉽게 말해서 똘똘 뭉친 팀이 탁월한 개인보다 낫다는 거지. 지금으로부터 100여 년 전 두 팀의 탐험대가 북극과 남극 탐험 길에 올랐어. 공교롭게도 두 팀 모두 갑자기 얼어버린 바다에서 배가 꼼짝도 못하는 지경에 처하게 됐지. 사방이 얼음으로 뒤덮인 남극의 살인적인 추위에 식량과 연료는 떨어져 가고 다른 곳의 어느 누구와도 교신이 불가능한 상황이었어. 그러나 두 탐험대의 운명은 달랐어. 그렇다면 그 운명을 갈라놓은 건 무엇일까?"

"아마 탁월한 리더십 아니면 팀워크가 아닐까?"

"역시 아직 촉은 여전하구나. 1913년 8월 3일, 스테펜슨이 이끄는 캐나다 탐험대는 얼어붙은 북극 지역을 최초로 육로 횡단하겠다는 목표를 세우고 출발했어. 그러나 그들이 탄 탐험선 칼럭호는 곧 단단한 빙벽에 부딪혀 부서지고, 오도 가도 못한 채 그 자리에 고립되고 말았지. 이런 비극의 원인은 다른 데 있지 않고 바로 자기 자신들에게 있었어. 조난이 길어지자 선원들은 서로 식량과 연료를 놓고 싸우고 도둑질하는 일상을 되풀이하며 서로를 적으로 만들어갔어. 이와 같은 팀의 붕괴는 결국 비극적 결과를 초래했어. 11명의 승무원들 모두 북극 얼음 황무지에서 전멸해 버리고 말았지. 실패가 곧 죽음으로 이어진 거야. 별 것 아닌 것 같지만 구성원의 자기중심적 생각이 조직의 생사를 가름한 것이지.

역사를 통해서 배운다는 말을 많이 하지. 정확히 1년 뒤 이와 같은 상황이 지구 반대편에서 발생했는데 결과는 전혀 다르게 나타났어.

1914년 12월 5일 어니스트 섀클턴 경이 이끄는 남극대륙 횡단 탐험대가 남빙양에 있는 사우스 조지아 섬에서 돛을 올렸어. 탐험대의 목적은 최초로 남극대륙을 육로로 횡단하는 것이었지. 그러나 남극을 향하던 중 그들을 태웠던 탐험선 인듀어런스 호는 단단한 빙벽에 둘러싸이고 말았어. 대원들은 얼음에 둘러싸인 채 추위에 떨며 식량과 보급품 부족으로 고통을 겪어야 했지. 그러나 이 지옥과 같은 상황에서 대원들은 '팀워크', '희생정신' 그리고 서로에 대한 '격려'를 무기로 643일간 생존을 위한 사투를 벌인 끝에 28명 전원이 무사 귀환하는 전대미문의 역사적 기록을 세우게 돼.

이 두 사례는 리더를 중심으로 똘똘 뭉친 '팀워크의 중요성'을 잘 말해준 이야기로 보면 되네. 선장에게 선원들의 신뢰만큼 무서운 무기는 없다고 생각해. 흔히들 경영은 '하나의 오케스트라' 또는 '한 방향 줄서기'라는 말을 자주 하지. 이와 같은 사례를 우리 주변에서도 볼 수 있어.

미래 산업의 정문술 사장은 인간적이면서도 강력한 리더십으로 조직을 이끌었던 대표적인 벤처기업 경영자였어. 1993년 창업 10년 만에 부천에서 천안으로 공장을 이전할 때의 일이야. 그는 사원들에게 이전을 준비하라는 말 이외에는 한 마디도 하지 않았어. 그러나 이전 당일 피치 못할 사정이 있는 1명의 사원을 제외한 136명 전원이 군말 없이 그의 말을 따랐지. 신축 공장은 대지 3,030평, 연건평 1,448

평으로 건설 및 시설투자비가 40억 원이 투자된 최신형 빌딩이며, 건물 안에는 연구소, 사무실, 공장은 물론, 직원들의 숙소, 샤워실, 각종 운동시설, 노래방까지 갖춘 중소기업으로서는 보기 드문 전천후 복합 빌딩이었어."

"사실 나도 공장을 지방으로 옮길 생각으로 고민했었는데 직원들의 반발이 좀 심해서 접었던 기억이 있어."

"그러나 공장 이주에 대한 구성원들의 전폭적 동의는 이러한 환경 조건보다는 그동안 쌓아온 회사와의 공동운명체적 일체감의 결과라고 할 수 있었어. 10년을 함께 해온 공동체적 의식이 없이는 불가능한 일이었지. 훗날 정 사장은 이렇게 회고했어. '말이 그렇지 딸린 가족들도 있는데 생활터전을 옮긴다는 것이 쉬운 일이겠는가? 그만큼 우리 직원들이 나를 믿고 따라 주는 데는 무슨 별다른 재주가 있어서가 아니다. 그저 '이 회사는 너희들의 것이다. 회사가 번 돈은 내가 가져가지 않는다. 이제 우리는 세계 일류의 기업이 확실히 되어가고 있다'는 비전을 심어주고, 번 것을 나누어주고, 내가 솔선수범하는 것만이 내가 취한 행동이고 방법이었다'라고 말이야."

"참 대단하신 분이시네. 솔선수범만큼 좋은 리더십은 없다는 생각은 하지만 행동을 못 하는 내 자신이 좀 부끄럽구면."

"결코 쉽지 않은 일이지. 강철왕 카네기가 어렸을 때 우연히 얻은 토끼가 새끼를 여러 마리 낳았는데 그에게 한 가지 고민이 생겼어. 대가

족이 된 토끼 식구에게 줄 먹이를 마련하는 일이 간단치가 않았던 거야. 궁리 끝에 친구들을 불러 모아서 '얘들아, 이 토끼들한테 너희들 이름을 붙이고 싶지 않니? 우리 한번 각각 이름을 붙여서 누구 것이 제일 잘 자라나는지 보도록 하자!'라고 했어. 그러자 친구들은 마치 자기 토끼라도 생긴 듯이 각자 풀을 잔뜩 뜯어 와서 자기 이름이 붙은 토끼에게 정성껏 풀을 먹였어. 어린 친구들을 자기편으로 끌어들여 문제를 해결한 카네기의 지혜에서 그의 탁월한 리더십 자질을 엿볼 수 있지."

"지식이 아니라 지혜네."

"그렇지. 이 세상에서 뭔가를 이룬 이들은 이런 기질이 있는 것 같아. 사람이든 기업이든 성공을 결정하는 요인들은 여러 가지 있겠지만 그 요인들 중 가장 중요한 것 하나가 있다면 바로 열정이야. 한 연구 조사에 의하면 열정적인 직원을 가진 회사는 그렇지 않은 회사에 비해 이직률이 50%나 낮고, 고객 충성도는 56%, 생산성이 평균보다 36%, 수익성은 27% 높은 것으로 나타났어. 매년 포춘(Fortune)지는 '일하기에 가장 좋은 회사 100대 기업(Best Company 100)'을 선정 발표하는데 선정된 기업들을 보면 몇 가지 공통점이 있어. 첫째는 임직원들 간의 신뢰고, 둘째는 임직원 모두가 자기가 하는 일에 대한 강한 자긍심을 갖고 있다는 것이고, 셋째는 임직원 모두가 재미있게 일을 한다는 거야.

농구 스타 래리 버드가 속한 보스턴 셀틱스와 시카고 불스가 플레이오프 경기에서 만났는데 이날 경기는 보스턴 셀틱스이 연장전까지 가는 치열한 접전이었어. 시카고 불스의 마이클 조던은 농구 황제답게 혼자서 무려 63점을 득점하는 경이적인 기록을 달성했지. 이날 경기는 누가 이겼을까?"

"당연히 스카고 불스 아닌가?"

"보스턴 셀틱스가 승리했어. 경기가 끝난 뒤 래리 버드는 '한 사람의 힘으로는 결코 팀을 승리로 이끌 수 없다'는 것을 깨달으며 경기장을 빠져나왔다고 해."

"공생필생 독생필사(共生必生 獨生必死), 함께 살려고 하면 반드시 살고, 혼자 살려고 하면 반드시 죽는다는 것이지."

"우리가 만세를 부른다고 당장 독립이 되는 것은 아니오. 그러나 겨레의 가슴에 독립정신을 일깨워 주어야 하기 때문이오. 이번 기회에 꼭 만세를 불러야 하겠오."

민족대표 33인을 변함없이 이끈 따뜻한 리더 의암 손병희의 말이다. 손병희는 민족을 이끈 교육자이자 3·1운동을 시작한 독립운동가다.

손병희는 1912년 6월 우이동에 봉황각(鳳凰閣)이라는 교육시설을 건립하여 미래를 꿈꾸는 지도자들을 양성하여 1914년 4월까지 3년간 483명을 배출하였다. 봉황각은 삼각산 인수봉과 백운대로 가는 길목에 100여 년 전 모습 그대로 서 있다. 1919년 3·1운동 민족대표 33인 중 천도교 인사가 15명이나 될 정도로 이곳에서 배출된 사람들은 각 지역의 교육자로 우뚝선다.

손병희의 지도하에 최린이 의견을 내어 청원서는 선언서가 됐다. 1919년 2월 11일 독립선언서 기초가 완성됐다. 최남선이 원고를 쓰고, 한용운이 공약 3장을 덧붙였다. 1919년 2월 27일 밤 천도교계 인쇄소 보성사에서 독립선언서 2만 1천 장이 우여곡절 속에 인쇄되었다. 발각되려는 순간 손병희의 발 빠른 판단으로 2월 28일부터 평양, 개성, 해주, 철원, 원산, 군산 등 전국 각지로 보내졌다.

1919년 3월 1일 2시 태화관(泰和館)에서 독립선언서가 낭독된다. 같은 시각 탑골공원에서 학생과 민중들이 모여 독립선언서와 태극기가 배포되고 만세운동에 불이 붙는다. 경운궁 대한문에서, 광화문 기념비각에서, 남대문역에서 만세소리가 울려 퍼진다. 미국총영사관 앞에서, 프랑스영사관 앞에서, 경성우편국 앞에서도 전국적인 만세소리가 울린다. "시작이 곧 성공이다. 밝은 빛을 향하여 힘차게 나갈 뿐이다"라는 독립선언서 마지막 글처럼 전국으로 퍼졌다.

　100년이 흘러 우이동 봉황각에 손병희 선생의 묘역이 건립되고 탑골공원에 동상이 세워졌다.

3장
혁신의 길

Lesson 1

긴 호흡으로 가라

나 대표는 그동안 수업을 통해 배운 것을 조직에 적용해가며 회사를 혁신 모드로 이끌어 가고 있었다. 사내 특강 등 여러 가지 후속 조치로 직원들의 적극적인 호응에 힘입어 어느 정도 궤도에 접어들고 있었다. 이런 작은 성취로 혁신에 앞장선 직원들을 선발해서 포상도 하고 격려도 했다. 그리고 중소기업 혁신사례 발표대회에 나가서 사례 발표도 했다. 이렇게 크고 작은 성과로 나 대표는 여기서 멈추지 않고 좀 더 박차를 가하기로 했다. 혁신 모드로 완전하게 세팅하기로 한 것이다.

나 대표는 주말에 최 소장을 만나 이 길을 모색해 보기로 했다. 이번 주는 흥인지문-이간수문-광희문 코스로 잡았다. 최 소장은 흥인지문 앞에서 기다리고 있었다. 나 대표는 교통체증으로 10여 분 늦게

도착했다.

"에구 소장님! 일찍 나오셨네요. 늦어서 송구합니다."

"요즘 바쁘신 거 압니다. 혁신운동은 자리를 잡아가고 있는지요?"

"조금씩 성과를 보고 있습니다. 소장님 덕택입니다. 이제 박차를 가해보려고 합니다. 혁신사례 발표대회를 가져 보려고 합니다. 계층별로 주제를 정해서 해결해 가려고요."

"자, 그러시면 그 숙제 보따리를 풀어 보시지요."

"우리나라 농촌 현실 문제를 주제로 잡아 보았습니다. 우리나라 농촌의 미래상이라고 할까요? 젊은 농부들이 점차 늘면서 농촌에도 변화가 오고 있긴 한데 사실 피부로는 그다지 느낄 수가 없는 것 같습니다. 그렇다 보니 농지의 가치도 떨어지는 것 같습니다."

"아이템이 아주 좋습니다. 저 역시 농촌 출신이라서 공감대가 많을 것 같습니다. 어느 조직이든 변화하지 않으면 도태하기 마련입니다. 솔개 이야기를 해드리겠습니다. 아마 들어보셨을 겁니다. 솔개는 수명이 80년 정도가 됩니다. 한 40년 정도 살면 부리가 구부러지고, 발톱이 닳고, 깃털이 무거워져 맹금류로서 그 역할을 제대로 못 하게 되지요. 사람으로 치면 늙은 사람인 것입니다. 이렇다 보니 창공을 향해 비상하는 것이 버거워지게 됩니다.

그런데 솔개는 이 시점을 맞게 되면 선택을 한다고 합니다. 하나는 그냥 체념하고 서서히 죽음을 맞든지 아니면 부단히 도전과 변화를 하든지 말입니다. 다시 말해 사람이 암 같은 불치병에 걸리면 어떤 사람은 포기하기도 하고 어떤 사람은 이를 악물고 암과 당당히 맞서 이겨내기도 합니다. 이와 비슷하지요.

우리네 농촌도 이와 같은 형국이라고 봅니다. 세상이 너무 빨리 변하는데 우리나라 농촌은 그 속도를 못 따라가는 거라고 보면 됩니다. 변화에 편승하지 못하는 만큼 간극이 벌어지는 셈입니다. 결국 포기할 수밖에 없는 노릇이 되고 맙니다. 우리가 솔개에게서 배워야 할 것이 있습니다.

도전과 변화를 선택한 솔개는 낡고 구부러진 부리가 닳아 없어질 때까지 바위에 대고 쪼아 댑니다. 매끈하고 튼튼한 새 부리가 자라나면 발톱을 하나씩 뽑아 새로운 발톱이 나오게 합니다. 그 고통은 말로 형언할 수 없을 것입니다. 이런 각오로 무거워진 깃털도 하나하나 뽑아 새 깃털이 나오도록 합니다. 이렇게 생사를 건 자신과의 싸움이 끝나면 새로운 40년의 삶을 살 수 있게 됩니다. 마치 암 환자가 투병에서 승리한 것과 같다고 볼 수 있습니다."

"소장님 말씀을 듣다 보니 지금 우리 농촌의 현실은 환경 변화에 대응하지 못한 데서 비롯된다고 볼 수 있네요. 결국 선택의 결과네요."

"아마 대표님이나 제가 앞으로 살아 나아갈 인생도 솔개와 같다고도 볼 수 있습니다. 변화에 당당히 맞서 나가는 자는 생존하고, 아니면 변화에 무릎을 꿇고 마는 꼴이 되는 것입니다. 대표님께서 처음

오셔서 수업을 받겠다고 했을 때 이런 생각을 했습니다. 솔개 한 마리가 나에게 날아왔구나 하고요. 그래서 대표님 제안을 선뜻 받아들였던 겁니다."

"소장님, 그렇다면 우리네 농촌이 무엇을 어떻게 해야 살아남을까요? 물론 전문가들이 나름 그 생존방안을 모색하고 대안을 제시하겠지만 걱정이 앞서는 게 사실입니다."

"저도 같은 생각입니다. 제가 그 분야 전문가는 아니지만 이러다가는 우리네 농촌이 무너진다고 봅니다. 이런 처방전을 드리고 싶습니다. 바로 '전략적 변곡점을 찍어라!'"

나 대표는 난생처음 듣는 단어에 아리송한 표정을 지었다.

"무슨 뜻인지 모르겠습니다."

"아마 처음 듣는 단어일 것입니다. 자세하게 설명드리겠습니다."

최 소장은 벤치에 자리를 잡고 가방에서 A4 용지를 꺼내서 그림을 그리면서 말을 이어갔다.

"자, 여기 그림을 하나 보시겠습니다. 모든 생명체는 이런 곡선을 타고 갑니다. 인간이든 기업이든 조직이든 국가든 말이지요. 여기에는 하나의 공통점이 있습니다. 그건 바로 '흥망성쇠'라는 것입니다. 언젠가 말씀드렸지만 모든 생명체는 흥하고, 망하고, 성하고, 쇠한다는 것이지요. 다시 말해 영원한 것은 없다는 이야기입니다. 그렇다면 코카콜라처럼 장수하는 기업은 어떤 이유가 있을까요? 부단히 변화를 도모했다는 것입니다. 적절한 시기에 '두 번째 곡선'을 그렸다는 논리입니다. 바로 전략적 변곡점을 찍으라는 것이 바로 '두 번째 곡선'을 그리라는 것입니다. '두 번째 곡선' 그리기는 사실 쉬운 작업입니다. 다만 시작 포인트 잡기가 다소 어렵습니다. 대다수 사람은 〈그림1〉처럼 '포인트 B'에서 두 번째 곡선 그리기를 시작합니다. 왜 이런 현상이 일어날까요? 사람들은 잘나가거나 하는 일이 잘 풀려갈 땐 다른 곳으로 전혀 눈을 돌리지 않는다는 겁니다. 변화나 위기가 자신만은 비켜 갈 것이라는 자만과 교만이 있기 때문입니다. 누구나 하던 대로 하고 싶어 합니다. 그렇게 하면 편하기 때문입니다. 또한 '포인트 B'에서 또 다른 곡선을 그리는 건 물리적으로도 어렵습니다."

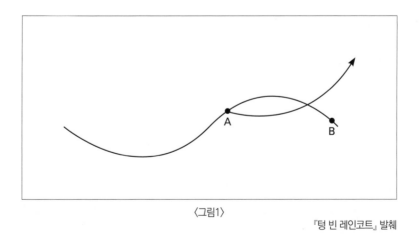

〈그림1〉

『텅 빈 레인코트』 발췌

"물리적으로 두 번째 곡선을 그리기가 참 어렵겠네요. 결국 전략적 변곡점을 찍으라는 건 여유가 있을 때 미리 포인트를 찍어야 한다는 것이군요. 그렇다면 두 번째 곡선은 어디에서 시작해야 할까요?"

"'포인트 A'에서 시작해야 합니다. 다시 말하자면 잘나갈 때, 큰 걱정이 없을 때, 호의호식하고 있을 때, 태평성대 때 하라는 것입니다. 변곡점이 보이기 전에 점을 찍고 그리기 시작해야 합니다. 대다수 개인·기업·국가나 조직은 이렇게 하지 않습니다. 앞서 언급한 것처럼 자아도취해 뻔히 보이는 '포인트 A'를 놓치고 맙니다.

안타깝지만 어느새 변곡점마저 지난 것도 모른 채 우왕좌왕하다가 어쩔 수 없이 적당히 '포인트 B'를 찾아 그리기 시작합니다. 물론 만시지탄(晚時之歎)이지요. 이런 점을 우리네 농촌이나 기업에 말하고 싶습니다. 아직은 시간이 있습니다. 가령 일본 농촌은 이런 점에서 우리보다 낫다고 생각합니다."

"전략적 변곡점 찍기와 두 번째 곡선 그리기는 큰 시사점을 주네요. 그렇다면 우리 농촌이나 농민들은 무엇을 해야 하나요?"

"이제 눈을 농촌으로 돌려 보겠습니다. 두 번째 곡선을 그릴 때 한 가지 명심할 것은 변곡점 전에 점을 찍어야 한다는 것입니다. 물론 두 번째 곡선이 수명을 다하기 전에 또다시 세 번째 곡선을 그려야 합니다. 이 곡선 그리기는 세 번째도, 네 번째도, 다섯 번째도 매한가지입니다. 게임의 법칙이 자주 변하고 게다가 우리가 죽지 않고 오래 살기 때문입니다. 이건 어쩔 수 없습니다. 이젠 사람이든 기업이든 생존하려면 부단히 또 다른 곡선 그리기 게임에 적극적으로 나서야 합니다.

생존하는 것은 다 진화합니다. 그런데 변화와 진화는 다릅니다. 변화가 소극적이라면 진화는 적극적인 것입니다. '이젠 변화(Change)가 아니라 변환이다(Transition)'라고 말하고 싶습니다. 살아 있는 것에는 임계점이 있다는 이야기입니다.

대개 혁신을 도모하면 빨리 성과를 보려고 합니다. 그러나 진정한 혁신은 '빨리빨리'가 아니라 '제대로' 해야 합니다. 혁신을 위한 기본 자세 중 가장 중요한 게 있다면 짧은 호흡이 아니라 긴 호흡을 하는 것입니다. 혁신은 단거리가 아니라 제법 시간이 걸리는 마라톤이기 때문입니다. 단거리와 마라톤은 주법과 호흡법이 다릅니다. 호흡법이 다르면 더 멀리 갈 수 있습니다."

"나라에 바칠 목숨이 오직 하나밖에 없는 것이 이 소녀의 유일한 슬픔입니다."

꽃다운 나이 타오르는 불꽃처럼 인왕산 자락 서대문 감옥에서 순국한 유관순 열사의 마지막 말이다. 그녀는 100여 년 전 천안 헌병대에서 공주 감옥으로 다시 서대문 감옥으로 이감되어 운명 같은 길을 간다. 1914년 공주 영명학교에서 선교사 사애리시를 만난다. 어둠을 밝히는 영원한 빛이 되라는 의미의 영명(永明)학당에서 나라와 겨레를 위하여 몸 바치는 애국정신을 키운다.

공주 제민천을 거슬러 공산성을 등지고 가다 보면 산성시장이 보인다. 1919년 4월 1일 공주만세운동의 집결지다. 왼편에 보이는 언덕이 영명동산이다. 영명학교 가기 전 유관순 열사의 상(象)이 있다. 영명학교 100주년 기념탑에도 유관순 열사를 볼 수 있어 이곳은 유관순 열사의 순례길이다.

유관순은 천안 아우내[並川]에서 5남매 중 둘째 딸로 태어났다. 1919년 3월 1일 독립만세운동이 활화산처럼 번지자 중등학교 이상은 휴교령이 내려진다. 고향으로 내려온 유관순 열사와 사촌 언니 유예도는 독립선언서와 태극기를 만든다. 4월 1일 봉화를 신호로 들불처럼 만세운동이 일어난다. 계몽운동가였던 아버지 유중권이 일본

헌병에 스러지고, 어머니 이소제도 일제의 총칼에 돌아가신다. 처참한 광경이다. 숙부 유중무와 오빠 유우석도 시위에 참여한다. 영명학당 학생 유우석은 석방 후 임시정부에서 활동한다. 유관순 열사 개인이 아니라 가족 모두 3·1운동을 주도한다. 가슴 아픈 가정사가 새로운 역사로 꽃피었다.

인왕산 자락 경성 감옥이 서대문 감옥으로 되면서 사람이 넘쳐난다. 독립운동과 만세운동을 한 투사들로 가득 찬다. 공주 감옥에서 서대문 감옥으로 이감된 후에도 유관순 열사는 아침 저녁으로 독립만세를 외친다. 특히 1920년 3월 1일 만세운동 1주년에 옥중 만세운동을 주도한다. 그리하여 1920년 9월 28일 석방을 얼마 남기지 않은 상태에서 지하 감방에서 무자비한 고문으로 방광이 파열되며 처참한 죽음을 맞는다. 그의 용기는 어디에서 왔을까?

정동제일교회에서 염을 하고 이태원 공동묘지에 안장했지만 일제는 군용지로 사용하기 위해 미아리 공동묘지로 강제 이장 후 무연고 묘가 되어 망실된다. 한참 후 용산 이태원 역사공원에 추모비를 세운다. 천안 병천에 영혼을 위로하는 초혼묘만 있다. 역사는 흐르고 3·1운동 100주년이 지났지만 유관순 열사의 묘(墓)는 없다. 찾을 수도 없다. 안타까울 따름이다.

버리고, 선택하고, 집중하라

나 대표는 주말에도 쉬지 않고 최 소장과 수업을 하기로 했다. 이번 주는 광희문에서 남소문 터까지 걷기로 했다. 지칠 만도 했지만 최 소장과 나 대표는 한 단계 업그레이드를 위해 지속해갔다. 날씨가 더워져서 걷기가 만만치 않았지만 예정된 코스를 거뜬히 해냈다. 실질적인 해결책 찾기는 카페에서 하기로 했다.

"사내 혁신사례 발표 후 구성원들의 '마인드웨어'는 어느 정도 구축된 것 같습니다. 이젠 한 단계 업그레이드를 위한 행동을 유발해야 하는데 어떤 게 필요할까요?"

"본격적인 말씀에 앞서서 우화 하나를 소개하겠습니다. 옛날에 작은 마을이 있었습니다. 살기 좋은 곳이었지만 한 가지 문제가 있었지요. 이 마을에는 우물이 없어서 비가 내려야만 물을 구할 수 있었습니다. 이 문제를 해결하기 위해 마을 사람들은 매일 물을 배송해주는 공급자를 구하기로 하고, 공개 입찰을 냈습니다. 두 사람이 입찰에 나섰습니다.

이 마을은 두 사람과 모두 계약을 맺기로 했습니다. 둘이 경쟁을 해야 가격도 낮출 수 있고 독점의 폐해로부터 마을을 지킬 수 있다고 생각한 것입니다. 계약을 따낸 첫 번째 사람의 이름은 '스미스'였습니다. 그는 계약서에 사인을 한 날, 튼튼한 강철 양동이를 두 개 샀습니다. 마을에서 1마일 가량 떨어진 호수에서 물을 떠서 나를 작정이었습니다. 이렇게 바로 일에 뛰어든 그는 그날부터 돈을 손에 넣기 시작했습니다.

스미스는 아침부터 저녁까지 열심히 양동이를 날랐습니다. 2개의 양동이에 가득 떠온 물은 마을 공용 물탱크에 채워 넣었습니다. 물론 힘든 일이었지만 스미스는 일한 만큼 돈을 손에 넣을 수 있다는 사실이 너무 행복했습니다.

또 한 사람의 이름은 '브라운'이었습니다. 그는 계약서에 사인이 마르기도 전에 마을에서 자취를 감췄습니다. 그가 여러 달 모습을 보이지 않자 스미스는 경쟁자가 없을 때 열심히 일하자며 더욱 더 부지런을 떨었습니다. 속으로 쾌재를 부르면서 말입니다.

그런데 재미있는 일이 생겼습니다. 도망간 줄 알았던 브라운은 그 시각, 사업 계획을 짜고 있었습니다. 사업성을 검토하고 투자자를 모으고 사업을 진행할 책임자를 찾은 것입니다. 그는 기업을 세운 것입니다. 그로부터 6개월 후에 브라운은 건설 팀과 함께 마을로 돌아왔습니다. 1년 동안 브라운 팀은 강철 송수관을 건설해서 마을과 호수를 연결했습니다.

송수관을 성공적으로 연결한 후 브라운은 자신의 물이 스미스의 물보다 더 깨끗하다는 광고를 냈습니다. 그동안의 소식을 접한 브라운은 마을 사람들이 스미스가 길러온 물에 먼지가 많다는 불평을 알고 있었습니다. 브라운은 겉으로 보면 물과 거리가 멀어 보였지만 잠시도 쉬지 않고 시장을 조사하는 등 고객 니즈를 분석한 것이었습니다.

브라운은 '일주일 내내 하루종일 물을 공급할 수 있다'고 광고했습니다. 반면 스미스가 물을 공급할 수 있는 날은 평일에 국한되었습니다. 설상가상으로 브라운은 스미스보다 75%나 싼값에 물을 공급하겠다고 알렸습니다. 더욱 놀라운 점은 더는 바가지로 물을 뜰 필요가 없었다는 점입니다. 브라운은 송수관 끝에 수도꼭지를 달아 수도꼭지만 틀면 집집마다 물이 콸콸 쏟아지게 된 것입니다."

"상황이 기울어진 저울 같습니다. 스미스가 그냥 당하고 있지만은 않았을 것 같은데요."

"맞습니다. 경쟁에서 이기기 위해 스미스 역시 물값을 7% 낮추었지요. 뿐만 아니라 양동이를 두 개 더 샀고 양동이에 뚜껑도 달았습니다. 이제는 양동이 네 개를 한꺼번에 운반하기 시작했습니다. 물론 이런 반격에 꿈쩍할 브라운이 아니었습니다. 브라운은 다시 한번 생각의 프레임을 바꿉니다. 만일 이 마을에 물이 필요하면 이웃 마을에도 물이 필요할 것이라고 생각한 것입니다.

스미스는 처음부터 브라운의 경쟁자가 아니었습니다. 마찬가지로 이번에도 브라운은 스미스가 아니라 자기 자신과 싸운 것입니다. 소비시장을 다르게 바라보기 시작한 것입니다. 그는 물을 파는 게 아니라 물 공급 시스템을 팔 수 있겠다고 생각한 것입니다. 처음 물을 팔기 위해 기업과 시스템을 구축했으나 이제는 물이 아니라 시스템을 팔러 전 세계로 다닌 것입니다. 이처럼 브라운은 생각의 프레임을 계속 진화시켰습니다."

"결국 시스템을 구축했느냐 못했느냐의 차이네요. 이것이 없으면 어떤 생태계든 생존 보장이 안 될 것 같네요."

"젊은 농부들이 농사에 IT를 입혀서 기존 농민들과는 다른 성과를 내고 있는 것도 이런 맥락이라고 볼 수 있습니다. 그러니까 판을 어떻게 읽느냐에 따라 생각이 달라지고, 이것이 달라지면 행동도 달라지고, 행동이 달라지면 결과도 달라진다는 것입니다."

"그러자면 무엇을 해야 할까요?"

"아주 간단합니다. '안'에서 보지 말고 '밖'에서 보려고 노력해야 합니다. 그러면 나무가 아니라 숲이 보이기 마련입니다. 또한 누구'보다' 잘하려고 하지 말고, 누구와 '다르게' 하라는 것입니다."

제주로 가는 길은 많다. 서울에서 비행기를 타면 1시간이면 따뜻한 도시, 청정한 도시를 만날 수 있다. 하지만 100여 년 전에는 육로를 통해 걷다가 제주로 가는 최단거리 항구에서 배를 타야만 갈 수 있었다. 거친 바람과 파도가 가장 큰 변수였다. 때를 기다려야 했다. 잔잔해지는 바다를 보고 가장 안전한 해로를 찾아 나서야 했다.

제주는 성산일출부터 사봉 낙조까지 영주10경(瀛洲十景)이 한눈에 펼쳐지는 아름다운 곳이다. 영구춘화와 정방하폭까지 봄에서 여름까지 지상낙원이요 별유천지다. 제주의 성벽과 성돌은 돌담으로 변했다. 바람이 많아 돌담을 쌓아 곡식을 길렀다.

제주항이 없던 때에는 동서남북 해안가를 따라 성이 펼쳐져 있었다. 환해장성이라 불렸다. 제주 3읍성과 주요한 항구 9진에 걸쳐 성벽과 성곽이 있었다. 삼별초의 마지막 전투가 펼쳐진 항파두리성, 최영 장군의 사당이 있는 명월성, 추사 김정희가 머물던 대정성은 아직도 역사 속 그대로 있고, 성읍마을 정의성과 별방성도 남아 있다.

산천단(山川壇)을 지나 1100 도로를 향해 가면 30분 안에 서남쪽 끝 대정(大靜)이 나온다. 180여 년 전 추사(秋史) 김정희는 한양에서 제주도 대정까지 유배길에 오른다. 도성을 나와 산 넘고 강 건너 머나먼 땅끝마을에 도착한다. 해남 대흥사(大興寺)에서 초의선사가 준 마지막

차 한 잔을 마신 후 망망대해 죽음을 무릅쓰고 제주성(濟州城)을 향한다. 죄가 무거울수록 왕과 멀리 떨어져 지내야 했다. 추사는 제주 성문을 나가 한반도에서 가장 먼 대정현에 위리안치되었다. 그의 나이 55세 때의 일이다.

기력은 점차 쇠진하여 가고, 힘들고 외로울 때 추사는 책을 읽었다. 책을 구하기 힘들었을 때 제자인 역관 이상적이 연경에서 책을 구해 제주 대정까지 보내 주었다. 8년 3개월의 기약 없는 유배생활에 추사는 차를 마시며 선정에 들었다.

험난한 바다 건너 배를 타고 다섯 번이나 찾아 온 초의선사가 유일한 벗이었다. 차나무를 심고 마음을 터놓고 국화꽃과 함께 차를 달이며 인생을 마셨다. 10개의 벼루에 구멍이 뚫리고, 천 개의 붓이 뭉그러질 때까지 글을 쓰고 그림을 그렸다.

작은 것부터 움직여라

나 대표는 조금씩 자신감을 찾으면서 회사의 미래에 대한 청사진을 그리고 싶었다. 여건이 썩 좋은 것은 아니지만 무엇인가 도전해야겠다는 생각을 했다. 외형적인 확장보다는 내실을 다지는 차원에서 작게 움직이기로 했다. 이제 혁신운동이 자리잡아가고 있으니 한 스텝 더 나가자고 작정한 셈이다. 그러자면 여러모로 상황을 파악하고 미지의 세계로 나아가 미래의 씨앗을 찾아가는 게 급선무라고 생각하고 이번 주 수업은 이 주제로 하기로 했다.

여느 때처럼 최 소장을 만나 차를 한 잔 나누면서 이야기했다. 최 소장은 이젠 나 대표 표정만 봐도 어떤 고민인지를 알 정도가 되었다. '아! 하면 어!' 하는 식으로 화답을 할 수준까지 성숙해진 것이다. 이런저런 이야기를 듣고 최 소장이 말을 열었다.

"대표님, 엉뚱한 질문 하나 드리겠습니다. 물론 정답을 원하는 게 아니라 해답을 원하는 겁니다. 인생은 무엇이라고 생각하시는지요?"

"인생은 사는 것입니다."

"저는 인생은 '1'이라고 생각합니다."

"1이요?"

"오래전 일입니다. 지금은 아주 유명한 곳이 되었지만 파주 헤이리 공원이 막 조성되기 시작할 때입니다. 그곳 풍광도 좋고 예쁜 카페들이 있어서 자주 가곤 했습니다. 하루는 그곳을 걷고 있는데 5층 정도 높이 건물을 짓고 있는 현장이 저의 눈길을 끌었습니다. 눈길을 끈 것은 그 건물 디자인이 아니라 건물 외벽에 설치된 플래카드였습니다. 그 플래카드엔 '100-1=0'이라는 글자가 아주 크게 그려져 있었습니다. '100-1=99인데 왜 0일까?' 이런저런 생각 끝에 건축 현장 옆에 있는 컨테이너 박스로 향했습니다. 그곳은 현장 사무실이었습니다. 사무실 안에 들어가 보니 담당자가 있어서 질문을 했더니 6개월째 이 현장에 있는데 이런 질문을 한 사람은 제가 처음이라고 하더군요. '100-1=0'은 그곳 현장의 경영 철학이었습니다. 그러니까 건축이란 일은 100번 잘해도 한 번 실수하면 건물이 무너질 수 있다는 것입니다. 우리나라 젖줄이라고 할 수 있는 한강의 발원지는 산속의 작은 약수터입니다. 이것이 작은 냇가로 모이고, 다음엔 작은 천으로 모이고, 나중엔 큰 강인 한강으로 모입니다. 그런데 여기서 중요한 건 바로 '작음'입니다. 모든 일이 사소한 것으로부터 시작한다는 뜻입니다. 대표님, 혹시 우주왕복선 챌린저 호 사건을 기억하시는지요?"

"네, 폭발했잖아요."

"그렇습니다. 1986년 우주왕복선 챌린저 호가 발사 후 73초 만에 공중에서 폭발했습니다. 그 광경을 보고 있던 전 세계인들은 경악을 금치 못했습니다. 물론 승무원 7명의 생명도 앗아갔습니다. 더욱이 최첨단기술의 총합체라고 할 수 있는 유인우주선의 폭발은 NASA 에 큰 충격이 아닐 수 없었습니다. 그 사고 원인은 무엇이었을까요?"

"발사 엔진에 큰 결함이 있었나요?"

"조사결과 아주 작은 것에 있었습니다. 직경이 1㎝도 채 되지 않는 '오링(O-ring)'이란 고무링 부품의 결함에 있었습니다. 이런 말이 있습니다. '등산할 때 정작 사람을 힘들게 하는 것은 먼 곳에 있는 산이 아니라 신발 안에 있는 작은 모래 한 알이다.'"

"고무링이 그런 비극의 씨앗이었네요."

"그렇습니다. 또 다른 사례를 하나 소개하겠습니다. 하루는 중국 광둥성 시골 마을에 사는 사람이 이 회사의 세탁기를 주문했습니다. 배달 직원이 자동차에 세탁기를 싣고 가다 들길 한복판에서 차가 고장났습니다. 이 직원은 어떻게 했을까요?"

"그거야 배달을 포기하고 차를 고치려고 했겠지요?"

"다른 차편을 구할 수 없었던 배달 직원은 무게가 90kg에 달하는 세탁기를 등에 지고 걸었습니다. 그것도 섭씨 38도의 무더위 속에서 2시간 30분 만에 냉장고를 배달했습니다. 또 다른 직원은 가전제품을 수리해 달라는 요청을 받았습니다. 그러나 버스를 타고 가던 중 산사태를 만났습니다. 이로 인해 찻길이 끊겨 버렸습니다. 산사태에서 벗어났을 때 시간은 밤 11시였습니다. 그럼에도 그 직원은 고객이 사는 곳까지 걸어가 새벽 4시쯤에야 도착했습니다. 고객을 깨우기에는 너무 이른 시간이었습니다. 그 직원은 집 밖에서 날이 샐 때까지 기다리다 해가 떠오른 후 찾아가 제품을 고쳐 주었습니다. 적자투성이의 냉장고 공장이었던 '하이얼'이 중국 내 매출액 1위 기업으로 성장한 데는 바로 사소한 것 즉 이런 작음이 만든 전략에서 비롯된 것이었습니다."

"큰 것이 움직이는 게 아니라 작은 게 움직여야 하는 거군요."

"사례를 더 들어 보겠습니다. '적우침주(積羽沈舟)'라는 말을 들어보셨는지요?"

"한두 번 들어보긴 한 것 같은데 무슨 뜻인지는 확실하질 않네요."

"중국 전한시대의 책략서인 전국책(戰國策)에 나오는 말이 나옵니다. '새털처럼 가벼운 것도 많이 실으면 배가 가라앉는다'는 이 사자성어는 사소해 보이는 것도 지속적으로 쌓이면 큰 영향력을 갖게 된다는 뜻입니다.

기원전부터 전해오는 이 고사성어는 정보통신기술(ICT)과 제조업의 융합으로 도래한 4차산업혁명을 목전에 두고 있는 지금까지도 유효합니다. 현재 우리 생활 곳곳에서 범람하는 문명의 이기는 결국 사소한 혁신에서 비롯되었기 때문이지요. 일상의 패러다임을 바꿔 놓은 위대한 발명이 개인의 작은 아이디어에서 시작된 사례는 주변 곳곳에서 찾을 수 있습니다. '캠퍼스에서 가장 멋진 여학생과 남학생'이 궁금했던 한 컴퓨터 공학도는 재학생의 실제 얼굴 사진을 온라인에 게재하는 프로그램을 개발해냈습니다. 사소한 호기심에서 개발돼 현재 월간 이용자 약 18억 명을 돌파한 페이스북의 탄생 비화입니다.

매년 50억 개 이상 생산되고 있는 주름 빨대 역시 미국의 평범한 중년 남성 프리드먼의 작은 아이디어에서 발명됐습니다. 곧은 빨대로 밀크셰이크를 먹기 힘들어하는 딸을 위해 발명된 프리드먼의 주름 빨대는 1937년 특허출원을 시작으로 지금까지 널리 사용되고 있습니다.

사소한 아이디어가 쌓여 거대한 혁신을 낳은 기업도 있습니다. 세계적인 스포츠용품 브랜드 나이키의 대표적 혁신기술로 통하는 플라이니트(flyknit) 기술은 '고무 밑창을 붙인 양말'을 만들어 보자는 한 직원의 엉뚱한 제안에서 탄생한 발명품입니다. 가죽보다 가벼운 직물로 신발을 만들겠다는 작은 발상의 전환이 신발 제조 분야에 거대한 혁신을 불러일으킨 것이지요. 이외에도 나이키는 '자동으로 끈을

조여 주는 운동화'로 미국 타임지 선정 '2016년 최고의 발명품' 대열에 합류하는 등 세계에서 가장 혁신적인 기업으로 자리매김할 수 있었습니다."

"소장님, 그러니까 다소 엉뚱하고 처음엔 무모하게 보이던 아이디어를 존중하고 소통하며 협업으로 발전시켜 이를 제품화하는 것을 두려워하지 않아야 한다는 말이네요. 그런데 그런 결단을 내리고 기다려준다는 게 경영자로선 참 어려운 일입니다."

"맞습니다. 이론과 실제는 다르기 때문입니다. 또한 멀리 보지 못하는 근시안적 생각 때문에 틀에 갇히기 때문이기도 합니다. 무엇을 하든지 나부터 하고, 작은 것부터, 지금부터 사소함을 챙겨보세요."

"네, 작은 씨앗부터 뿌려가겠습니다."

경복궁과 경희궁 사이 사직단으로 가는 길이 있다. 사직단에 들어서면 곰솔 같은 소나무와 키 큰 느티나무가 고향처럼 반긴다. 정문을 지나 북신문(北神門)을 열면 3단 흙으로 된 사단과 직단이 보인다.

사직단은 사단(社壇)과 직단(稷壇)으로 되어 있는데 토지의 신과 곡식의 신에게 제를 올리는 신성한 공간이었다. 600여 년 전 이곳에서 천여 명이 제를 지냈다.

사직단은 단출하지만 종묘보다 의미가 크다. 궁과 궐처럼 건축물은 없지만 하늘에 제를 올리는 중요한 곳이었다. 토지가 있는 곳엔 곡식을 심고, 곡식을 심는 곳엔 비와 물이 필요했기에 가뭄에 기우제를 지냈고, 홍수에는 기청제를, 풍년을 위해서는 기곡제를 지냈다. 사직단은 만인을 위해 꿈과 희망을 심었던 곳이다.

600여 년 전 궁과 궐에는 왕이 살았고, 종묘에는 왕과 왕비의 혼을 모셨다. 사직단은 나라의 근간인 토지와 곡식의 풍요를 빌었던 신성한 공간이었다. 사직단은 온 국민의 행복을 기원한 곳이다. 서울뿐 아니라 지방 곳곳에도 사직단이 있었다.

Lesson 4

철학하는 CEO

나 대표는 경영전략회의에서 상반기 경영 실적이 생각보다 저조하자 다시 마음이 무거워졌다. 고민 끝에 수업을 주중으로 앞당기기로 하고 급한 불을 끄기 위한 대책을 모색하기로 했다.

"이 난국을 어떻게 돌파해 나가야 할지요?"

"사실 요즘 어디를 가든 이구동성으로 하는 말이 있습니다. 바로 '너무 힘들다!'입니다. 그리고 그 원인을 불경기 탓으로 돌리는 것 같습니다. 이렇다 보니 장사를 하는 이나 기업을 꾸리는 이나 여간 고생하는 게 아닙니다. 스트레스에 눌려 산다고 해도 과언이 아닌 듯싶습니다."

"딱 제 이야기입니다. 경영자로서 갖는 부담감이 날로 커지는 게 사실입니다. 이렇다 보니 제 마음을 둘 곳이 없습니다."

"저는 만나는 사람들에게 '생각이 에너지'라는 이야기를 자주 합니다. 언젠가 지인 중 한 사람이 던진 '정말 생각이 인생을 바꿀 수 있을까요?'라는 이 질문에 저는 '네'라고 답했습니다. 인간이 이 세상에서 아무 제약 없이 맘대로 할 수 있는 것이 바로 '생각'입니다. 다시 말해 대표님 인생을 바꿀 수 있는 단 한 가지는 생각이라는 것입니다. 이 자원은 무한하기 때문에 언제 어디서나 꺼내 쓸 수 있습니다. 다만 꺼낼 때가 문제입니다. 부정을 꺼낼지 아니면 긍정을 꺼낼지 선택해야 합니다. 이건 아무도 막을 수는 없습니다.

세상을 보는 방식에 따라 다른 행동을 하고 다른 결과를 얻는다는 것입니다. 그러니까 생각을 달리하면 인생도 바꿀 수 있다고 봅니다. 대표님, 어떤 상황이 펼쳐지면 그대로 보지 마시고 한번 뒤집어 보시기 바랍니다. 지금 대표님에게 보여지는 경영 실적도 액면 그대로 보지 말고 다른 각도로 한번 보시기 바랍니다. 평소 보지 못한 것이 분명 보일 것입니다."

"역발상을 하라는 거군요?"

"골프를 할 때 일어나는 현상이 있습니다. 고수가 친 공은 본 대로 갑니다. 중수가 친 공은 친 대로 날아갑니다. 그렇다면 하수의 공은 어떻게 날아갈까요? '걱정하는 대로' 날아간다고 합니다. 모든 일의 결과는 자신의 생각에서 비롯된다고 봅니다."

"마음 둘 곳을 찾기보다는 저의 마음을 잘 다듬어야 하겠습니다.

그렇다면 제가 무엇을 해야 할까요?"

"인문학의 숲으로 들어가셨으면 합니다. 우리 사회에 불고 있는 인문학 바람이 심상치 않습니다. 한 대학이 운영하는 최고지도자 인문학 과정은 자리가 없어서 수강할 수 없을 만큼 성황이라고 합니다. 또 몇몇 대기업에서는 인문학 소양을 갖춘 IT 인재를 대거 채용하기로 했다는 이야기도 심심찮게 들립니다. 뿐만 아니라 규모는 작지만 인문학의 소중함을 전파하려는 민간단체 모임도 많이 늘고 있는 게 사실입니다."

"소장님, 왜 이런 트렌드가 우리 사회에 움트고 있는 것일까요?"

"바로 인문학의 근본적인 관심사가 인간과 인간의 삶이기 때문입니다. 김종훈 벨연구소 소장은 한 일간지와의 인터뷰에서 이렇게 말했습니다. '미래를 읽으려면 기술만 봐서는 안 된다. 사람이 무엇을 원하는지 봐야 한다. 그래야 정확하게 판단할 수 있다.' 이쯤 해서 대표님께 간단한 질문을 하나 드리겠습니다. 스티브 잡스와 빌 게이츠의 공통점은 무엇일까요?"

"세계적인 경영자, IT업계 강자, 세계의 기준을 만드는 사람, 억만장자 등등 여러 가지를 들 수 있을 것 같습니다."

"피상적인 공통점 말고 남다른 게 하나가 있습니다. 바로 이들이 시집을 많이 읽는 경영자라는 것입니다. 인문학에 빠져 있는 경영자는 이들뿐만이 아닙니다. 페이스북을 만들어 전 세계 20대 중 최고의 부자 반열에 오른 마크 저커버그는 플라톤을 읽는 게 취미라고 합니다. 자신이 페이스북을 만들 수 있었던 것은 고등학교 시절 읽은 인문서적 덕이라고 술회한 적이 있습니다. 세계적인 CEO들은 사고하는 방법을 알려주는 책, 즉 시나 철학, 역사 관련 서적을 선호한다는 것입니다."

"인문학이란 숲에서 사색을 하면서 노는 거군요? 그렇다면 이들이 시나 인문학 서적을 많이 읽는 이유는 무엇일까요?"

"시를 통해 자신들이 보거나 느낄 수 없는 세상의 이치나 지혜를 얻기 위함일 것입니다. 말하자면 이들이 세상을 보는 남다른 능력은 이런 노력의 소산이라고 해도 과언이 아닙니다."

"이런 배경뿐만 아니라 경영자들이 인문학의 숲으로 들어가 호흡하고 그 속에서 놀아야 하는 이유가 하나 더 있습니다. 바로 '게임의 법칙' 때문입니다. 아무리 노력해도 성과가 나지 않는다면 그건 이미 게임의 법칙이 바뀌었기 때문인데 그 사실을 말해주는 사람은 아무도 없습니다. 스스로 배워야 하는 것이죠. 한 자료에 의하면 세계 기업의 85%는 15년 안에 사라지는 것으로 되어 있습니다."

"이런 시대엔 어떤 전략일 필요할까요?"

"열쇠는 인재라고 생각합니다. 그러자면 생각은 크게 하되, 시작은 작게, 행동은 민첩하게 해야 합니다. 이를 위해선 세상을 보는 능력을 키워가야 합니다. 이런 시너지는 경험에서 나오지 않고 고전을 통해 앞서간 이들이 알려주는 지혜를 재생산하는 데서 나옵니다.

일본 IT업계의 최고 부자인 소프트 뱅크의 손정의 회장도 '인문학이 주는 가장 큰 선물은 거인의 어깨 위에 올라가 세상을 볼 수 있다는 것'이라고 역설한 바 있습니다. 이처럼 한 발 앞서가는 경영자들은 인문학에서 답을 찾습니다. 이번 주엔 거인의 어깨 위로 올라가기 위해 도전해보시기 바랍니다."

"소장님, 거인의 어깨 위로 오르려면 어떻게 해야 할까요?"

"인문학 책 100권을 선정해서 읽어 보시는 건 어떨까요? 그러면 언젠가 거인의 어깨 위에 있는 대표님을 발견하실 겁니다."

"한번 올라 보겠습니다. 오늘 말씀을 듣고 제가 마음 둘 곳은 바로 책이라는 것을 알게 되었습니다. 이제 조금 마음이 가라앉는 것 같네요."

Roadology 환경은 사람의 기상을 바꾼다

1895년 10월 8일 명성황후는 왕비의 침실인 옥호루에서 시해당한다. 을미사변(乙未事變)이다. 고종은 왕위에 오른 지 32년 만에 신변의 위협을 느끼고 경복궁을 벗어나 거처를 옮긴다. 고종은 경운궁 선원전에서 러시아 공사관이 있는 정동으로 향한다. 길 위에서 길을 찾듯, 왕의 길(King's Road)을 따라 고종과 세자가 추운 겨울 바쁜 걸음으로 러시아 공사관을 향한다. 1896년 2월 11일 아쉽고 서글프지만 법궁을 떠나 아관에 1년 9일간 머문다. 친 러시아 경향인 정동파(貞洞派)가 득세하는 정세다. '아관파천'인가? '아관망명'인가?

경희궁과 경운궁 사이 정동 언덕배기 가장 높은 곳에 러시아 공사관이 있었다. 인왕산이 보이고 백악산도 한 뼘 거리다. 저 멀리 목멱산이 한눈에 들어오는 최고의 위치. 1890년 르네상스 양식의 건축물로 정동에서 제일 규모가 컸다.

개항 후 정동은 외교의 거리였다. 정동길은 아관, 미관, 영관, 불관, 덕관, 이탈리아관 그리고 벨기에관까지 도성 안에 각 공사관이 즐비했다. 정동에는 외교관과 선교사, 의사들이 물밀듯 들어왔다. 전통과 근대가 조화롭게 이루어진 개화의 거리가 되었다. 러시아 공사관에서의 생활이 1년이 넘자 조속한 환궁 요구에 고종은 경운궁(慶運宮)으로 환궁한다.

러시아 공사관 터에는 첨탑만 남아 있다. 탑의 동북쪽으로 지하통로가 경운궁과 연결되어 있다. 1897년 10월 12일 고종은 환구단에서 황제 즉위식을 거행하고, 세계 각국 각처에 대한제국을 선포한다. 근대의 상징인 정동은 대한제국의 중심이 되었다. 정동은 제후국이 아닌 황제국의 시작을 알리는 역사적 공간이다.

경운궁은 대한제국의 황궁이요, 중명전(重明殿)은 대한제국 황제의 집무실이었다. 1904년 러일전쟁에서 승리한 일본은 1905년 11월 17일 중명전에서 총칼로 위협하여 외교권을 박탈한다. 을사늑약이다. 을사늑약 후 전국 곳곳에서 저항운동이 불꽃처럼 다시 일어난다. 민영환은 자결한다. 장지연은 황성신문에 '시일야방성대곡'이라는 논설을 발표한다. 곳곳에 의병이 일어난다. 을사오적을 처단하자는 암살단이 조직된다. 1909년 10월 26일 안중근 의사는 이토 히로부미를 하얼빈에서 처단한다. 고종황제는 1907년 헤이그 만국평화회의에 특사 3인을 파견해 을사늑약의 부당성을 호소했지만 경운궁 중명전에서 강제 퇴위되어 태황제가 되었다.

1907년 7월 20일 순종이 황제로 즉위하지만 군대도 강제 해산되었다. 순종 황제는 창덕궁에서 왕으로 강등되고, 대한제국은 소멸의 길로 간다.

4장

미래의 길

'유(有)'에서 '유(有)'를 만들어라

나 대표는 상반기 실적 충격에서 조금씩 벗어나고 있었다. 최 소장의 처방전을 토대로 이제 지난 과거보다는 앞으로 다가올 미래에 포커스를 맞추고 도전하기로 한 것이다. 나 대표는 전환점과 모멘텀을 찾아가고 있었다. 1박2일 사원 워크숍을 하기로 하는 등 일터의 모드를 도전 모드로 바꿔 가기로 한 것이다. 즉 회사가 나아갈 방향에 떡 버티고 있는 벽을 넘어가기로 한 것이다. 그러자면 조금은 욕심을 낼 필요가 있었다. 최 소장을 만나 경영수업을 받은 지 벌써 6개월이 지나고 있었다. 그래서 나 대표는 최 소장에게 회사 성장을 위한 솔루션 두 가지를 부탁했다. 회사의 '미래와 창조'였다. 이 두 가지를 천착하는 내용으로 수업을 이어가도록 당부했다.

이런 주문을 받은 최 소장은 수업 내용을 좀 더 밀도 있게 진행하기로 했다. 가능하면 아침에 만나서 저녁까지 함께하기로 했다. 둘은 목멱산에서 숭례문까지 걷기로 했다. 언제나 그랬듯이 둘은 마치 호형호제 하듯이 다정하게 걸었다. 말없이 걷던 나 대표가 화두를 던졌다.

"소장님은 우리나라 기업인 중 어느 분을 좋아하시는지요?"

"저는 실천형 리더를 선호합니다. 우리나라 기업인 중 가장 대표적인 실천형 리더는 현대그룹 창업자 정주영 회장이지요. 요즘 들어 정주영 현대그룹 명예회장에 대한 관심이 제법 고조되는 것 같습니다. 아마 사는 게 힘들고 어렵다 보니 그런 것 같기도 합니다. 주눅든 청춘이나 어려운 기업가에겐 좋은 롤 모델이 아닐까 합니다."

"맞습니다. '이봐, 해보기나 해봤어?'라는 정 회장의 말은 저에게도 큰 울림을 주는 말입니다."

"사람들은 정 회장이 평생 성공만 하고 살아온 것처럼 알고 있지만 결코 그렇지 않습니다. 정 회장은 거의 실패를 먹고 자랐습니다. 빈농의 아들로 태어난 그는 1937년 22세에 서울 신당동에 쌀가게 '경일상회'를 차렸습니다. 그러나 일제가 쌀 배급제를 실시하여 2년 만에 문을 닫았습니다. 1940년에는 북아현동에 '아도서비스'라는 자동차 수리공장을 세웠습니다. 현대차의 전신이라고 할 수 있죠. 그러나 창업 한 달 만에 화재로 잿더미가 됐습니다. 평소 신용을 쌓은 후원자로부터 돈을 빌려 재기했지만 그마저도 일제가 기업 정비령을 내려 1943년 해체됐습니다. 이렇게 실패를 밥 먹듯 했습니다.

정 회장에게 1953년은 정말 막막한 해였습니다. 현대건설은 그해 대구와 거창을 잇는 고령교 복구공사를 따냈습니다. 그러나 인플레이션 때문에 물가가 120배 폭등하면서 건축 자재값이 천정부지로 뛰어올랐습니다. 정 회장은 신용만큼은 지켜야 한다는 생각으로 공사를 마쳤지만 일가족 집 4채를 팔아야 했습니다. 그 빚을 갚는 데만 20년이 걸렸습니다.

개인사에도 곡절이 참 많았습니다. 정 회장은 어릴 적 변호사가 되려고 초등학교 졸업 학력으로 보통고시(지금의 사법시험)에 도전했지만 보기 좋게 낙방했습니다. 1982년엔 비 내리는 한밤중에 홀로 차를 몰고 울산 현대조선소를 순찰하다 바다로 빠졌습니다. 차 문을 부수고 수심 10미터가 넘는 바다를 헤엄쳐 나와 겨우 살았습니다. 게다가 장남은 교통사고로 잃었습니다. 1992년엔 대선에 도전했다 낙마했습니다. 이후 한동안 세무조사에 시달렸습니다. 어떻게 보면 정 회장은 사업이나 인생사에 실패를 안고 살았다 해도 무리가 아닙니다."

"가만히 보면 사람들은 겉으로 보이는 것으로 세상사를 판단하는 것 같습니다. 그러나 내막을 보면 진실이 보이는 것 같습니다."

"그렇습니다. 대표님도 그러시겠지만 누구나 스스로에게 닥친 위기가 제일 어려운 법입니다. 실패했을 때 다시는 일어날 수 없을 것 같은 좌절감도 들기 마련이지요. 새로운 약 하나를 개발하는 데도 평균 1만2천 번의 실패를 거친다고 합니다. 유전 하나를 발견하는 데에도 26번의 탐사를 넘겨야 한다고 합니다. 이처럼 성공한 자의 좌우명에는 다음과 같은 세 가지 공통점이 있다고 합니다. '무슨 일에나 낙담하지 않는다', '끝까지 해낸다', '결코 단념하지 않는다' 이 세 가지를 한 마디로 표현하면 '절대 포기하지 마라'가 될 것입니다."

"다시 정주영 회장님의 경영 철학을 되새김질하게 되네요."

"인생은 자전거 타기나 매한가지라는 이야기를 자주 합니다. 자전거를 타는 이가 아무리 자전거 달인이라도 페달을 밟아야만 넘어지지 않습니다. 그런데 성공하는 이는 페달을 밟을 때 생각하는 게 있습니다. 새로운 것을 도모한다는 것이지요. 도전 정신은 자전거 타기와 비슷합니다. 아무리 많은 책을 읽어도, 아무리 자전거 타기의 모든 기술을 이해하고 있더라도 타보지 않고서는 배울 수 없습니다."

"소장님! 제가 무엇을 해야 할까요?"

"첫째, 구하라(求)입니다. 저는 성공이나 성취는 홈쇼핑과 같다는 이야기를 자주 합니다. 홈쇼핑을 한번 생각해보시기 바랍니다. 홈쇼핑은 아무리 좋은 상품이더라도 주문하지 않으면 보내주지 않습니다. 사고 싶은 것이나 갖고 싶은 게 있다면 일단 주문을 해야 합니다.

둘째, 찾아라(探)입니다. 가령 홈쇼핑 방송을 통해 물건을 주문할 때 무턱대고 주문하지 않습니다. 쇼호스트가 전하는 달콤한 내용만 믿고 바로 결제하지는 않을 겁니다. 다른 방송도 보고 인터넷을 통해 검색도 하고 이런저런 비교 작업을 할 겁니다. 바로 찾는 작업입니다.

대표님이 생각한 것이 있다면 마음에 가두어 두지 마세요. 일단 찾아 나서야 합니다. 멘토도 만나보고, 친구도 만나보고, 책을 통해 찾아보고 행동해야 합니다.

"가만히 보면 생각만 했지 찾지를 않은 것 같네요. 다음은요?"

"셋째, 두드려라(鼓)입니다. 마음속으로 구하고 나아가 그것을 찾아냈다면 이젠 노크를 해야 합니다. 그러면 열어줍니다. 한마디로 말해 들이대라는 뜻입니다. 그것도 강하고 담대하게 들이대시기 바랍니다. 그러면 열릴 것입니다. 다음엔 그 문으로 들어가시면 됩니다.

이런 질문을 한번 해보시기 바랍니다.

- 당신은 무엇이 되고 싶은가?
- 당신은 누구인가?
- 당신의 상품은 무엇인가?
- 당신의 상품은 무엇이 강점인가?
- 당신은 어떻게 기억되고 싶은가?
- 당신은 무엇을 남기고 싶은가?

이것들 역시 당신으로부터 시작합니다. 성공하는 자는 '유(有)'에서 '유(有)'를 만들어 냅니다."

Roadology 산길을 그냥 두면 길이 막힌다

서쪽에 인왕산과 백악산, 동쪽에 낙타산 그리고 남쪽에 목멱산 4개의 산이 한양을 감싸고 있다. 그리고 한양도성은 경복궁과 창덕궁, 경희궁과 경운궁, 종묘와 사직단을 감싸고 있다. 성문과 성벽을 이어 도성을 만들어 600여 년 서울을 지켜왔다.

고산자 김정호는 〈수선전도〉로 한양도성과 성저십리 5부 52방을 그렸다. 이것이 바로 한양지도이니 서울지도의 옛 모습이다.

목멱산의 도성 안과 밖은 수많은 사연이 전해온다. 숭례문 밖 칠패시장은 남대문시장이 되어 외국인이 가장 많이 찾아오는 곳이다. 성문 밖 후암시장은 한양도성 옛길에서 한강으로 가는 길목에 있다. 둥글고 두터운 바위가 있는 동네로 두텁바위의 전설이 지금껏 신통력을 발휘하고 있다. 목멱산 기슭 후암동에는 퇴계 이황과 다산 정약용 상이 있다.

목멱산 정상으로 가는 길에 젊은 나이에 하얼빈과 뤼순 감옥에서 조국을 위해 하늘의 별이 된 안중근 의사 상이 있다. 그 옆에 일평생 독립을 갈구하며, 문화대국을 꿈꾸며 목숨을 바친 김구 상도 있다. 조금 더 내려가면 '노블레스 오블리주'의 표상, 구한말 삼한갑족(三韓甲族)의 성재 이시영도 만날 수 있다. 독립운동가로 대한민국 임시정부를 위해 6형제의 모든 재산과 목숨을 내놓았던 전설 같은 이야기가 전해온다. 목멱산 백범광장에 서면 110여 년 전 이야기가 되살아 울려 퍼진다.

목멱산 정상에 오르면 서울을 한눈에 담을 수 있다. 무덥지만 시원한 바람과 **빽빽한** 숲길을 걸을 수 있는 곳이다. 울창한 나무 사이로 새소리와 바람 소리를 만날 수 있다. 산길을 그냥 두면 길이 막힌다. 길을 걷자.

유쾌한 이노베이터가 되라

나 대표는 경영 측면에서 다소 무리를 하더라도 조금 욕심을 내서 큰 비전을 세워 보기로 했다. 큰 비전은 숫자가 바뀐 것에 불과하지만 그래도 새로운 마음가짐을 갖게 되었다. 최 소장의 처방전을 바탕으로 '퀀텀 점프(quantum jump)'를 하기 위해 경영자로서 마인드와 자세를 리셋(Reset)하기로 했다.

나 대표는 숭례문에서 최 소장을 만났다. 최 소장은 숭례문-소의문 터-돈의문 터로 이어지는 코스를 간략하게 소개하고 걷기 시작했다. 나 대표는 조심스럽게 최 소장에게 질문했다.

"잘 아시는 것처럼 한 치 앞을 내다보기 힘든 불확실성의 시대입니다. 이런 시대에도 늘 어렵고 중요한 결정을 해야 하는 것이 기업인입니다. 대표인 저는 누군가 경험과 지식이 많은 사람들이 내 옆에서 조언을 해줬으면 하는 생각이 많이 듭니다. 구성원들이 변화와 혁신을 위해 무엇을, 어떻게 실행해야 할까요?"

"대표님, 그렇다면 변화와 혁신은 왜 하는 것일까요? IBM, P&G, 시스코, 시멕스… 이런 기업들의 공통점은 무엇일까요?"

"외국계 기업, 그리고 공룡처럼 몸집이 큰 글로벌 기업입니다."

"공통점이 하나 더 있습니다. 공룡인데도 민첩하다는 것입니다. 하버드 경영대학원의 로자베스 모스 캔터(Kanter) 교수는 이처럼 거대 기업이면서도 마치 벤처기업처럼 민첩한 기업들의 특징을 뽑아봤는데, 한 가지 공통점을 발견했다고 합니다. 회사 전체가 큰 비전을 공유한다는 것입니다. 그는 "모든 직원이 보다 큰 가치를 공유하게 되면 일선에서 어떤 문제에 부딪혀도, 본사로부터 아무리 떨어진 곳에서 일하더라도 자발적으로 문제의 해결을 주도하게 된다"고 말했습니다. 결국 사람이라는 것입니다. 진화론을 주장한 찰스 다윈이 이런 말을 했습니다. '생존하는 사람은 힘이 센 사람도 아주 영리한 사람도 아닌 변화에 잘 대응하는 사람이다.' 재미있는 우화 한 편을 소개하겠습니다. 개구리 세 마리의 이야기입니다. 개구리 세 마리가 우유통에 빠졌습니다. 어떻게 되었을까요?"

"그거야 다 빠져 죽었겠지요."

"첫 번째 개구리는 왜 자신이 그런 운명에 처해야 하는가 비탄만 하다가 스스로 빠져 죽었습니다. 두 번째 개구리는 신에게 매달렸습니다. 기적을 일으켜 자신을 구해달라고 기도하고 또 기도했습니다. 그러나 기적은 일어나질 않았습니다. 세 번째 개구리는 달랐습니다. 주어진 상황에서 최선을 다하겠다고 마음을 먹고 필사적으로 우유통에 매달려 허우적댔습니다. 마침내 우유는 버터로 변해 그 개구리는 그것을 딛고 통 밖으로 나올 수 있었습니다."

"필사즉생 필생즉사(必死則生 必生則死), 죽기로 싸우면 반드시 살고, 살려고 비겁하면 반드시 죽는다. 이 말이 생각나네요."

"왜 기업이나 사람들은 변화하는 것을 싫어할까요? 바로 관성의 법칙 때문에 그렇습니다. 지금까지 드린 이야기를 한마디로 말씀드리면 변하면 살고 변하지 않으면 죽는다는 것입니다. 그러자면 부단히 혁신을 도모하고 실행에 옮겨야 한다는 것입니다."

"소장님, 도대체 '혁신'이란 무엇일까요?"

"액면 그대로 혁신을 이야기하면 과거와는 다른 새로운 생각이나 방식으로 일하는 것입니다. 대개 직장인들은 혁신을 개선(改善) 쯤으로 생각하죠. 창조경영의 대가인 이어령 박사가 이런 말을 했습니다. '창조적인 발상은 아주 간단하다. 고정관념에서 벗어나는 일이다. 창조란 굳이 무엇을 만들어 내는 것이 아니라, 이미 알고 있는 것을 낯설게 하는 것이다.'"

"전에 말씀하신 유(有)에서 유(有)를 만들어내는 일이라고 할 수 있네요. 그렇다면 기업이 변화와 혁신을 거부하면 어떻게 될까요?"

"1980년대 학생들에게 선망의 대상인 게 하나 있었습니다. 혹시 아실지요?"

"워크맨 아닙니까?"

"맞습니다. 워크맨은 일본의 소니사가 1979년에 내놓았습니다. 이 제품은 승승장구해서 무려 3억 개를 판매해 시쳇말로 대박을 터뜨렸습니다. 소니의 한 임원이 미국의 마이애미 해변을 거닐다가 흑인들이 여럿이 모여 포터블 전축을 어깨에 메고 춤을 추는 것을 보고 '휴대하기 가벼운 오디오를 만들면 어떨까?'라고 생각한 게 출발점이었습니다.

1990년대까지 소니는 지금의 애플처럼 혁신의 상징이자 일본의 자존심이었습니다. 소니는 세계 최초로 많은 전자제품을 개발해냅니다. 1959년 트랜지스터 TV, 1982년 CD 플레이어, 1990년 8mm 캠코더까지 이어집니다. 우리나라 기업들은 소니를 혁신 기업의 롤 모델로 잡고 벤치마킹을 합니다. 가장 대표적인 기업이 삼성전자입니다. 이런 소니가 더는 세상의 눈길을 끄는 즉 혁신 제품을 내놓지 못하면서 시장에서 외면당하고 있습니다."

"혁신 기업의 대표 격인 소니의 발목을 잡은 건 무엇일까요?"

"여러 가지 이유가 있겠지만 전문가들은 두 가지로 압축합니다. 바로 '자사 표준'과 '관료주의'입니다. '소니가 만들면 다 팔린다'라는 착각과 자만이 화를 자초했습니다. 게다가 기술자들은 새것을 유연하게 받아들이려 하기보다는 자기 부서 챙기기에 바쁜 관료로 변해 갔습니다.

사실 2000년대 소니는 TV, 게임기, 휴대용 음악기기 시장을 주도하던 IT 분야 황제기업이었습니다. 하지만 지금 휴대용 음악기기는 애플에게, TV는 삼성에게 그 왕의 자리를 내주었습니다. 왜 그럴까요? 소니는 TV 시장이 브라운관에서 평판으로 넘어가는데도 2000년대 초반까지 고집스럽게 브라운관 개량에 매달렸습니다. 그 사이 우리나라 삼성·LG가 치고 나갔습니다. 부서 사이에 칸막이가 높아지면서 비슷한 기술을 여러 부서가 중복 개발하느라 빠르게 바뀌는 시장을 따라가지 못했습니다. 다시 말해 무리하게 자사 표준만 고집한데다가 조직 깊이 뿌리내린 관료주의 문화가 오늘날 소니를 나락의 길로 가도록 만든 셈입니다."

"치열한 기업 경쟁에서 한때 초일류 글로벌 기업이 허망하게 권좌에서 밀려나는 것은 더 이상 새로운 일이 아니네요."

"그렇습니다. 경쟁사회에서 이런 일은 다반사죠."

"결국 변화를 도외시하거나 혁신을 하지 않아서 사라지는 거군요?"

"이젠 아주 흔한 일입니다. 온실의 법칙이 아니라 정글의 법칙이 적용되는 시장에서 혁신을 멈추면 생존할 수 없는 것입니다. '갈라파고스 증후군'이라는 게 있습니다. 세계 흐름을 외면한 채 국내 시장에만 매달리다가 국제 경쟁에서 밀려나는 현상을 말합니다. 육지에서 멀리 떨어진 섬에 독특한 생태계가 형성됐음을 빗댄 신조어입니다. 기업의 세계에서 '영원한 승자'는 존재하지 않습니다. 그 아무리 잘나가는 기업이라도 한순간 방심하거나 잘못된 선택을 하면 나락으로 떨어질 수 있습니다. 부단한 혁신만이 살 길입니다."

"회사가 혁신과 변화를 외칠 때 구성원은 무엇을 해야 할까요?"

"저는 'YES로 응답하라'고 말씀드리고 싶습니다. 이것은 Y(Why), Easy, Solution의 약자입니다. 첫째, '왜?'라고 질문해보세요. 상사가 무엇을 시키면 일단 'Yes'라 대답하고 일을 받은 다음 'Why?'라고 질문해보시기 바랍니다. 이 일을 왜 시켰을까? 왜 이 일을 해야 할까? 등등 말입니다.

둘째, 쉬운 길을 가지 마세요. 날개 없는 선풍기를 개발한 제임스 다이슨이 가장 많이 쓰는 단어는 '다른(different)'이라고 합니다. '우리는 예전과 다른 환경에서 남과는 다른 일을, 다른 방식으로 하길 원한다'며 다름을 강조하는 그의 철학은 직원 채용에도 적용됩니다. 그는 직원을 채용할 때 해당 분야에 경험이 없는 사람을 선호한다고 합니다. 변화와 혁신에는 위험이 따르지만 더 많은 것을 얻을 것입니다.

셋째, 해결책을 내놓으세요. 누구나 말로는 혁신합니다. 아이디어는 많지만 대안이 없는 혁신은 의미가 없습니다. 답을 내놓아야 합니다. 안 된다고 하지 말고 스스로 해결책을 찾아보세요. 집중하다 보면 답이 보일 것입니다. '놀부보쌈'과 '사월에보리밥'으로 유명한 외

식업계의 마이더스의 손 오진권 씨는 한 끼 식사도 아무 데서나 먹지 않는다고 합니다. 1년에 600여 차례 벤치마킹의 기회를 왜 허비하느냐는 것입니다.

지금은 지식이 넘쳐나는 세상입니다. 지식이 부족해서 역경을 헤쳐 나가지 못하는 것이 아닙니다. 많은 지식을 자기 것으로 소화하여 지혜롭게 써야 합니다. 결국은 지식보다 지혜가 더 중요한 것이 아니겠습니까. 솔루션을 찾아보시기 바랍니다.

대표님도 주인공이 될 수 있습니다. 영화, 연극, 드라마의 주인공은 아니더라도 지금 주어진 인생이란 오디션에 주연으로 도전해 보시기 바랍니다. 그 오디션의 주인공은 딱 한 명, 바로 대표님입니다."

목멱산 정상에서 내려오면 우거진 숲속에 한강이 보인다. 흐르는 물속은 알 수 없지만 물길은 양천과 행주산성을 향해 서해로 흘러간다. 한양도성을 따라 걸으면 남소문 터가 보인다. 그 옛날 도성 밖 한강진에 배를 탈 수 있는 가장 빠른 관문이었다. 남소문 터는 장충동과 한남동의 경계로 험난한 고갯길이었다. 지금도 걸으면 숨이 혁혁 막히고 힘이 든다. 목멱산 아래 남소영이 있어 도성 안과 밖을 지켜온 사람들로 진을 치며 묵묵히 이어왔다.

장충동은 전통과 현대가 공존하는 넓은 지역이다. 우리나라 최초의 국립극장과 최고급 호텔이 도성 안에 있다. 소나무 우거진 국궁의 요람, 석호정(石虎亭)과 우리나라 최초 실내체육관인 장충체육관도 있다. 목멱산 자락 풍광 좋은 활터와 최고의 스포츠인 테니스코트도 함께 있다. 리틀 야구대회도 장충동에서 열렸다. 배구와 농구, 탁구, 레슬링도 장충체육관에서 전성기를 누볐다. 도성 안에 있었던 체육 시설물들이다. 새로운 현대 문화와 전통이 만나는 곳이 바로 이곳이었다.

장충동은 장충단(奬忠壇)에서 유래한 이름이다. 장충단은 우리나라 최초의 국립현충원이다. 도성 안에는 정릉(貞陵) 이후 능과 묘를 쓸 수 없었다. 하지만 명성황후가 시해된 을미사변에 순국한 충신과 장병 그리고 열사들이 많았다. 고종황제는 1900년 남소영에 단을 설치하고 봄·가을 제향하였다. 경운궁 앞에 환구단을 만들었듯이, 목멱산 자락에 장충단을 건립하였다. 이후 임오군란과 갑신정변에 일본에 맞선 장병들과 나라 위해 목숨을 바친 분들을 위로하기 위해 장충단의 규모를 넓혔다. 장충단비는 황태자인 순종이 직접 쓰고, 찬문은 충정공 민영환이 143자를 정성껏 썼다.

　사직단은 사직공원이 아니고 목멱산은 남산이 아니듯 장충단은 장충공원이 아니다. 격을 되찾아야 한다. 자신의 이름을 찾아 가치를 알려야 할 때이다. 장충단은 목멱산 자락 남소문 터에서 국립극장, 반얀트리 호텔, 자유센터, 테니스코트, 신라호텔과 리틀야구장 그리고 장충단비와 수표교가 있는 곳까지 큰 규모의 국립현충원 터였다. 장충단은 봄·가을 군악이 연주되고 조총(弔銃)을 쏘아 제를 올렸던 신성한 공간이었다.

　1909년 10월 26일 안중근 의사의 하얼빈역 총탄 3발이 울려 퍼졌다. 영웅이 태어나고 영웅이 죽었다. 이후 장충단이 급속히 변해 버렸다. 19번의 제사를 마지막으로 장충단은 이토 히로부미의 추모공간으로 바뀌었다. 장충단비는 땅속에 묻히고, 장충단은 박문사로 이토 히로부미를 제사하는 사당이 되었다. 수천 그루의 벚꽃나무가 목멱산 순환도로에서 장충단까지 심어지고, 연못과 놀이터를 만들며 공원이 되어 버렸다.

해방 후 장충단은 제 모습을 찾아가고 있다. 장충단비(獎忠壇碑)는 원래의 모습을 되찾아 서울시 유형문화재 제1호가 되었다. 목멱산 자락 안중근 의사 상에서 장충단 이준 열사 상까지 원래의 모습을 되찾아 가고 있다.

Lesson 3

판을 키우지 말고 틀을 만들어라

나 대표는 성장을 위한 출구 전략이 하나씩 가닥을 잡게 되자 더는 고민하지 말고 실질적인 솔루션을 찾기로 했다. 생각만 해서는 달라질 게 없다고 판단하고 박차를 가하기로 한 것이다. 이번 주는 폭염이라 도성길을 걷지 않고 카페에서 최 소장을 만났다. 카페 안쪽에서 커피를 마시며 나 대표는 최 소장에게 자신의 속내를 털어놓았다. 나 대표의 이야기를 다 들은 최 소장이 말을 이어갔다.

"대표님에게 지난해 제가 겪었던 이야기를 해드릴까 합니다. 대중교통으로 이동하고 있는데 대기업 중역으로 있는 P이사로부터 문자가 왔습니다. 안부를 주고받다가 그가 얼마 전 직장에서 잘렸다는 것을 알게 되었습니다. 순간 과거의 제 모습이 떠올랐습니다. 저 역시 갑작스런 퇴직 통보로 회사에서 구조조정을 당한 적이 있거든요. P이사는 현직에 있을 때 저를 강사로 자주 불러주던 고마운 후배입니다. 그런 그가 갑자기 SOS를 보낸 것입니다.

며칠 뒤 P이사를 만났습니다. 그리고 가장 시급한 문제인 일자리에 대한 대책을 나름 세워 주었습니다. 대학에서 행정학을 전공한 P이사는 줄곧 영업 일을 해왔습니다. 그게 그나마 불행 중 다행이었습니다. 저는 그에게 이젠 일자리는 구해서는 안 되고 일거리를 찾아야 한다고 했습니다. 즉 스스로 '직업'을 만들라는 것이었지요. P이사는 다소 당황한 듯 보였습니다. 다소 엉뚱한 솔루션이었기 때문입니다."

"창직(創職)을 하라는 말씀인가요?"

"맞습니다. 이젠 삶의 '판'을 바꾸려고 하지 말고 삶의 '틀'을 바꾸어야 한다는 것입니다. '평생직장'이라는 관점을 버려야 합니다. 창직은 시작은 미미하지만 망하진 않습니다. 그리고 자본이 들지 않습니다. 반면에 창업은 겉으로는 좋아 보이지만 자본이 들기 때문에 망할 수 있습니다. 온실에서 막 나온 '회사형 인간'은 창업을 하면 100% 망합니다. 다만 준비를 철저히 하면 그런 형국은 면하겠지요.

제가 홍보·광고 업무를 할 때 있었던 일을 말씀드리지요. 홍보물이나 책을 만들려면 교정하고 수정하고 인쇄를 했습니다. 제가 아는 경영자가 있었는데 그는 당시 그 분야에서 알아주는 분이었습니다. 그분은 사업이 잘되어서 일감이 늘자 고가의 최신 인쇄기를 구입했습니다. 그런데 전혀 생각지 못한 일이 벌어졌습니다. 바로 '워드프로세스'라는 것이 세상에 출현한 것이지요. 그 경영자는 사업을 접을 수밖에 없었습니다. '틀'이 아니라 '판'을 바꾼 결과입니다.

성장을 위해서는 지금 하시는 분야에서 '판'을 키우려고 하지 마시고 미래 먹거리가 될 '틀'을 만들어 가야 합니다. 이는 미래를 위해 나무를 심는 것과 비슷합니다. 당장은 도움이 안 되지만 10년 정도가 지나면 그 나무는 아주 좋은 열매를 맺어 대표님에게 큰 수확을 줄 것입니다. 그러자면 지금 미래를 위해 나무를 심으셔야 합니다."

인왕산은 험준한 바위산이다. 화강암 바위들이 소나무 숲 사이로 얼굴을 내밀고 이야기하는 듯하다. 필운대에서 시작한 인왕산 자락은 치마바위와 기차바위를 지나 창의문에서 멈춘다. 창의문까지 높지 않은 바위산이 완만하게 성곽으로 이어져 있다. 인왕산 자락 옛 동네 이름들은 새롭지만 정답다.

인왕동에서 시작하여 옥류동, 수성동, 송석원, 청풍계, 백운동까지 낯선 이름들이 인왕산을 따라 깊숙이 숨어 있다. 옥구슬 구르는 맑은 물소리가 수성동계곡을 깨운다. 한양도성 안에서 경치가 가장 빼어난 곳 다섯 군데 중 하나가 백운동계곡이다.

자하문 터널을 지나 효자동 삼거리와 신교동을 지나 경복궁역과 내자동 가는 길이 효자로다. 백운동천 물길이 청계천을 향해 소리 없이 흘러간다. 백운동계곡물이 바로 청계천의 원류이자 본류이다. 인왕산에서 도성 안으로 3개의 계곡물이 흘렀다. 청풍계곡과 백운동계곡이 백운동천 물길의 시작이었다. 청풍계와 백운동이 합쳐져 청운동이라는 이름도 유래가 되었다.

백세청풍 바위 앞에 복개된 물길을 상상하며 청운초등학교 안으로 들어가면 주춧돌이 여러 개 남아 있어 이곳이 큰 물길이었음을 알 수 있다. 송강 정철의 집터가 있던 자리로 백운동천이 흘렀던 별

천지다.

계곡물이 흐르는 개천을 사이에 두고 겸재 정선의 집터도 있다. 경복고등학교 교정에 위치한 집터이자 작업공간이다. 인왕산 3개의 봉우리와 백악산 대은암과 청송당이 보이는 명당자리다. 수백 개의 먹과 붓이 닳도록 진경산수를 그렸던 곳이다. 이곳은 유란동이라 불렸다. 글이 나오고 그림이 그려질 듯 탁 트인 공간이다. 효자동 삼거리로 가면 다리의 흔적이 있다. 새로 놓은 다리인 신교(新橋)다. 바로 밑에 자핫골이라 불리는 자교(紫橋)가 있었으나 선희궁에 제를 모시러 가는 어가를 위해 다리를 새로 놓았다. 정조의 할머니, 사도세자의 생모인 영빈이씨 사당이 이곳에 있었다. 신교가 있어 신교동이라는 동명을 얻었다.

경복궁 서쪽에서 광화문 광장을 끼고 청계천으로 가는 길에 가장 긴 물줄기의 흔적이 숨겨져 있다. 이름만 들어도 시원한 구름을 타고 빗줄기가 쏟아질 듯한 백운동천이다. 옥류동천과 백운동천 물길이 만나는 지점에 홍예가 3개나 되는 큰 다리인 금청교(禁淸橋)도 최근까지 있었다. 백운동계곡은 수성동계곡보다도 더 깊은 계곡이었다. 비가 오면 꼭 걸어가 보아야 할 곳이다.

Lesson 4

당신도 잉여인간이 될 수 있다

나 대표는 '이젠 일등이 아니라 일류'라는 캐치프레이즈를 자신의 명함에 새기고 365일 24시간 이 모드를 세팅하기로 했다. 그래서 최소장의 처방대로 미래의 나무를 심어가기로 했다. 이를 위해 경영전략회의를 하고, '창조의 길'이란 주제로 간부들과 워크숍을 갖기로 했다. 이 자리에서 나 대표는 특강을 했다.

"성공의 세계에서는 묘한 법칙이 있습니다. '성공은 한 가지만 잘해도 된다'는 것입니다. 누구나 한 가지 정도 장점을 갖고 있기 마련인데 직장인들은 대개 이것을 찾지 못하고 직장생활을 하는 경향이 많습니다. 오늘 전하고 싶은 메시지는 직장인으로서 자신의 장점을 극대화하는 데 주력하라는 것입니다.

프로야구 이야기를 해보겠습니다. 미국의 코치와 일본의 코치는 선수들에게 야구를 가르치는 방식이 다르다고 합니다. 일본 코치들은 선수들을 보면 우선 그 선수의 단점부터 찾아 그것을 고쳐주려고 노력합니다. 반면 미국 코치들은 선수의 단점보다는 선수의 장점만을 찾아내어 그것을 극대화하는 데 온갖 노력을 다한다고 합니다. 더욱이 미국 코치들은 선수의 단점 같은 것은 아예 무시한다고 합니다. 왜냐하면 프로의 세계에는 장점 하나라도 극대화해서 그 선수의 비장의 무기로 써야 하기 때문에 단점을 고칠 시간이 없다는 것입니다. 말하자면 프로의 세계에선 팔방미인이 필요한 것이 아니라 무엇을 하나라도 똑소리 나게 하면 된다는 이야기입니다. 프로선수는 수비는 못하더라고 타격 하나만은 타의 추종을 불가할 정도로 할 수 있는 장점이 있다면 생존할 수 있다는 것입니다.

이런 사례에서 '성공 코드'를 잡아낼 수 있습니다. 바로 '장점 극대화'라는 코드입니다. 이는 일반 직장인들에게 시사하는 바가 크다고 봅니다. 즉 생존하려면 자신의 장점에 승부를 걸어야 한다는 것입니다.

사례를 보겠습니다. 도무지 지는 걸 싫어하는 고집쟁이 남자아이가 있었습니다. 그 아이는 유달리 승부 근성이 강해서 게임 같은 것을 할 때면 이를 악물고 싸웠고, 지면 엄청나게 화를 내곤 했습니다. 아이의 부모는 아들의 옹고집 성격에 늘 걱정하면서 살았습니다. 그래서 아이 부모는 아이에게 늘 '앞으로 살아가려면 지는 것도 배워야 한다. 이기는 게 중요한 게 아니야. 무엇보다 함께 어울릴 줄 알아야 훌륭한 사람이 된다'고 말했습니다. 그러나 그토록 지기 싫어했던 꼬마 소년은 유명한 스포츠맨으로 정상에 우뚝 서게 됩니다. 과연 그 소년은 누구일까요? 바로 축구 골키퍼로 정상에 올랐던 독일 국가대표 올리버 칸입니다.

이처럼 '장점 극대화 전략'은 엄청난 결과를 낳습니다. 그렇다면 스스로 자신의 장점을 찾으려면 어떻게 해야 할까요? 바로 '선택과 집중'을 해야 합니다. 잠깐 시간을 내서 자신이 주변 사람들에게 자주 말하는 내용을 한번 곰곰히 생각해보시고 이제 그 말에 집중해 보시기 바랍니다. 바로 그곳에 자신의 장점이 숨어 있습니다. 그리고 그것은 자신이 그 누구보다도 가장 잘할 수 있는 일입니다. 그 일을 선택해서 집중하는 것입니다. 이것에 집중하게 되면 자신만의 코드를 잡아낼 수 있고, 그 코드는 '성공 DNA'가 됩니다."

이렇게 나 대표가 열강하고 있는데 과장이 손을 번쩍 들더니 질문을 했다.

"대표님! 죄송합니다만 질문이 있습니다. 자신의 장점을 극대화하는 비법은 없을까요?"

돌발 질문을 받은 나 대표는 다소 맥이 끊기기는 했지만 이렇게 강의에 몰입하는 모습을 보니 흐뭇했다. 속으로 쾌재를 부르면서 강의를 이어갔다.

"아주 좋은 질문을 해주어서 고맙습니다. 그 답을 드리겠습니다. 누구나 이 세상에 둘도 없는 존재이며 특별한 재능을 최소한 한 가지씩은 타고납니다. 자신의 극대화 전략을 펼칠 수 있는 방법은 바로 현재 자신이 하는 일로 그 누구도 추종할 수 없는 'Best Only'를 창출하라는 것입니다.

일을 시작할 때 이런 생각을 해보셨으면 합니다. '아마 이건 우리 업종에서 최초일 거야! 아니 이건 우리나라에서 최고일 걸?' 여러분께서 이런 자세로 하는 일은 최고의 성과를 창출하게 될 것입니다."

나 대표는 인사부장에게 화면의 글을 읽어보라고 부탁했다. 인사부장이 천천히 읽어 내려갔다.

"The 'surplus society' has a surplus of similar companies, employing similar people, with similar educational backgrounds, coming up with similar ideas, producing similar things, with similar prices and similar quality."

-Kjell Nordstrom and Jonas Ridderstrale, 『Funky Business』

(고만고만한 교육수준으로 고만고만한 아이디어를 내고, 고만고만한 가격과 고만고만한 품질의 제품을 생산하는, 고만고만한 직원을 채용하는 고만고만한 회사가 넘쳐나는 것이 '잉여사회'다.)

"이처럼 21세기는 흔히 '잉여품의 세상'이라고 합니다. 그렇기 때문에 21세기 기업 조직은 평범한 보통 인재보다는 '일당백'을 넘어 만(萬)

이상의 가치를 창출하는 '일당만' 즉 우수한 인재(人財)를 좋아합니다. 이제 여러분 스스로 무엇을 극대화할 것인가를 생각해 볼 시점입니다. 자칫 잘못하면 여러분도 저도 잉여인간이 될 수도 있기 때문입니다. 오늘 이렇게 경청해 주심에 감사드립니다. 자, 그러면 조별로 이 주제로 분임토의에 들어가시기 바랍니다."

나 대표의 특강을 들은 간부사원들은 '이제 일등이 아니라 일류'라는 주제로 토의에 들어갔다. 이날 토의는 저녁 11시경에 끝났다. 토의가 끝나자 나 대표는 간부들의 손을 일일이 잡아가면서 노고에 대해 감사를 표했다. 그리고 집으로 가는 길에 눈물이 나왔다. 회사는 내가 아니라 우리가 한다는 것을 새삼 마음에 새기고, 이들을 위해서라도 더욱더 솔선수범해야겠다고 다짐했다. 몸은 피곤했지만 마음은 뿌듯한 하루였다.

Roadology 죽음이 있어 오늘이 더욱 소중하다

효창동에 독립을 위해 몸과 마음까지 바친 애국지사 유해가 잠든 묘역이 있다. 1989년 6월 8일 사적 330호로 지정되었다. 현재는 공원과 운동장 그리고 묘역과 기념관이 뒤섞여 있다. 백범 김구 선생과 윤봉길 의사, 이봉창 의사, 백남기 의사 등 애국지사가 잠들어 있는 성역이 보인다. 찾는 이도 많지 않다. 역사의 슬픔과 기쁨이 공존하는 '기억의 공간'이다.

효창원은 230여 년 전 도성 밖 한강이 보이는 야트막한 산이었다. 용이 한강으로 향한다는 용산(龍山)이다. 조선 22대 왕 정조가 가장 아끼던 장자를 가슴에 묻었다. 아버지 사도세자를 수원 현륭원에 묻었듯이 아들 문효세자(文孝世子)를 효창원에 묻었다.

효창원은 슬픔을 담은 묘역이다. 맏아들 문효세자와 생모인 의빈 성씨가 같은 해 같은 곳에 잠든다. 정조는 도성 밖 가장 가까운 곳에 묘를 쓴다. 수원 화성으로 가는 길목이자 소나무 숲이 우거진 송림(松林)이었다. 문효세자는 조선 역사상 가장 어린 나이인 22개월 만에 세자로 책봉되었지만 홍역으로 5세에 숨진 후 이곳에 잠들었다.

1894년 청일전쟁 때 일본군이 효창원 안 만리창(萬里倉)에 야영과 숙영을 하며 군사기지로 사용했다. 또한 일제강점기에 구용산고지(舊龍山高地)라 불리며 병참기지로 활용했다. 1924년 81,460평을 공원 용

지로, 순환도로와 공중화장실로 변형해 사용하였다. 1944년에 문효
세자의 묘를 고양 서삼릉(西三陵)으로 이장하며 효창원이 효창공원으
로 전락하고 만다. 사직단이 사직공원으로, 삼청단이 삼청공원, 장
충단이 장충공원으로 격하되었다.

하지만 1946년 7월 9일 김구 선생은 효창원에 윤봉길, 이봉창, 백
정기 의사의 묘를 이장하여 삼의사 묘역으로 조성하였다. 또한 바로
옆에 안중근 의사의 가묘도 만들어 효창원은 숨 쉬는 역사의 현장이
되었다.

이곳은 독립정신이 깃든 성스러운 묘역이다. 삼의사 묘역 가장 위쪽
에 백범 김구의 묘가 있다. 1949년 6월 26일 경교장에서 암살당한
백범과 최준례 여사가 잠들어 있는 공간이다. 오른쪽 언덕에는 임시정
부 요인들도 있다. 이동녕, 조성환, 차리석의 묘역이 입구 쪽 언덕에 있
다. 목숨과 가족까지 바친 독립운동가 7인이 잠든 공간이다.

이곳은 독립운동의 정신적인 표상이다. 그리고 살아 숨쉬는 역사적
인 기념 공간이다. 독립운동가 7인을 넘어 1만 5천여 독립운동가가
이제는 효창원에 함께 추모되어야 한다. 대한민국 임시정부 100주년
이 지났으니 이제는 공원과 묘역의 경계가 없는 공간 효창원에서 모
든 일상이 시작되기를 바란다.

호모 사(思)피엔스가 되라

나 대표가 최 소장과 경영수업을 한 지도 어언 10개월이 다 되어 갔다. 나 대표는 이 수업이 막바지로 향하고 있음을 느꼈다. 더 배우고 싶었지만 일정이 바쁜 최 소장을 매주 붙잡고 있는 것도 도리가 아니었기 때문이다. 그래서 이번 수업을 마지막으로 경영수업을 마치기로 했다.

나 대표와 최 소장은 처음 만났던 장소인 창의문에서 만났다. 이젠 더위도 조금씩 누그러져 한결 걷기 편했다. 최 소장이 먼저 이야기 상자를 열었다.

"오늘은 결론을 먼저 드리고 시작하겠습니다. 바로 '호모 사피엔스가 되라'입니다. '사'의 한자는 '思'입니다. 제가 만든 조어입니다. 즉 생각하고 공부하는 인간이 되라는 의미입니다."

"그렇게 깊은 뜻이 있군요."

"언젠가 한 직장인이 이메일로 질문을 한 적이 있습니다. 자신에게 '성공 코드'를 추천해 달라는 것이었습니다. 이 질문에 직장인들의 성공 코드는 두 가지로 압축된다고 답했습니다. 바로 'No 1 or Only 1'입니다."

우선 'No 1'이라는 코드입니다. 이것은 지금 하는 일을 더 열심히 해서 그 분야에서 1등을 하라는 겁니다. 그런데 이 전략은 쉽지 않으며 또한 이를 유지하기도 만만치 않습니다. 왜냐하면 영원한 1등은 없기 때문입니다."

"소장님, 누구나 1등을 할 수 있는 건 아니지 않나요?"

"그렇습니다. 이것이 어렵다면 시각을 바꿔야 합니다. 바로 남들이 하지 않는 곳, 남들이 등한시하는 곳을 공략해서 그 분야에서 유일한 존재가 되어야 합니다. 왜냐하면 이 길은 경쟁이 심하지 않아 다소 수월하기 때문입니다. 더욱이 이 길은 큰 욕심을 내지 않고 제대로만 간다면 앞서가는 사람만이 얻을 수 있는 프리미엄이 무궁무진합니다."

"왜 성공한 이들은 '남들이 가지 않은 길'을 갈까요?"

"그것은 '희소성'이 주는 매력 때문입니다. 왜냐하면 희소성은 부가가치가 최소한 두세 배는 높기 때문이지요. 또 남이 간 길을 간다는 것은 재미도 없을 뿐더러 성취욕도 없어 도전이라는 동기부여를 하지 못하기 때문입니다. 더욱이 중요한 것은 부가가치가 없다는 것입니다. 그리고 남이 간 길은 경쟁력 또한 만만치 않습니다. 성공한 이들은 힘이 들더라도 자기만의 길을 가서 성공이란 열매를 모두 따간다고 보시면 됩니다."

"소장님, 그런데 아무도 가지 않은 길을 간다는 것이 위험이 따를 수도 있지 않나요?"

"성공한 사람들의 99퍼센트 이상은 이 위험을 감수하며 자신의 뜻을 굽히지 않았습니다. 새로운 길인 만큼 가시밭도 있을 것이고, 바위도 있을 것이고, 강도 만나고 큰 산도 만나겠지만 이것을 한 고비 한 고비 넘길 수 있는 지식과 지혜, 문제 해결 능력만 갖추고 있다면 자신만의 길을 만들 수 있습니다. 성공하는 직장인이 되려면 직장에서도 새로운 업무를 창출하는 길을 찾는 데 주력해야 합니다. 그리고 훌륭한 업무 성과를 내는 전략이 필요하다고 봅니다. 이건 기업도 매한가지입니다."

"그렇다면 남이 가지 않은 길을 갈 수 있는 방법은 무엇일까요?"

"업계나 조직이나 일에서 틈새시장을 찾아야 합니다. 모든 것엔 틈이 있기 마련입니다. 이 틈새시장을 찾으려면 '다른 생각'을 체질화해야 합니다. 왜냐하면 다른 생각을 해야 다른 것이 보이기 때문입니다. 즉 남과 생각이 달라야 한다는 것입니다. 이러한 사고를 통해 틈새시장을 찾아내고, 그 시장에서 잘 팔리는 제품과 서비스를 만들어 낼 수 있는 것입니다."

"그렇다면 남이 가지 않은 길을 손쉽게 가는 방법은 있나요?"

"정·반·합을 응용하는 것입니다. 헤겔은 '정·반·합'이라는 변증법에 대한 체계를 만들었습니다. 변증법은 종합적인 사고를 가르쳐 줍니다. 인생의 이치도 그렇듯이 항상 양과 음, 정과 반이 있으며 이를 통해 또 하나의 합이 이루어진다는 것입니다. 시너지 효과라는 것도 하나의 시스템을 합해 효과를 두세 배로 올린다는 뜻입니다. 결국 남과 다른 생각과 행동을 하기 위해서는 이러한 정반합의 원리를 이해하고 다시 합을 만들고 또한 합에서 정과 반을 분리할 줄 아는 능력을 의미합니다."

"조금 더 쉽게 설명해주실 수 있을까요?"

"동전의 양면은 결국 '디지털 사고'입니다. '0' 아니면 '1'입니다. 문제를 놓고 동전의 앞면이냐 뒷면이냐를 따져 보면 문제 해결의 실마리를 찾을 수 있고 그에 따라 선택과 결정을 할 수 있습니다. 하나는 선택하고 나머지는 버리는 간단한 사고를 정립하고, 이를 종자로 키워가는 방법을 쓰는 것입니다.

새로운 작품을 만들 때도 이러한 방법이 쓰입니다. 하인리히의 법칙인 1:29:300은 두 가지 방향으로 사물을 볼 수 있는 양동작전이 가능합니다. 그 한 가지는 1이 되기 위해서는 29가지가 모여야 하고, 29가지는 300개의 아주 작은 것들이 모여 이루어진다는 것입니다. 기업에서는 'Why'의 방식이 바로 그것입니다. 문제를 해결하려 할 때 그 원인을 찾는 아주 중요한 방법입니다.

이와는 반대의 방식이 플러스 철학입니다. 300개까지 분할된 것들의 공통성을 찾아 29가지를 만들고 이것을 다시 하나로 만드는 방법입니다. '300-29-1'의 귀납적 접근 방식으로 이러한 원리와 원칙의 철학적 접근에서 플러스 방식은 'What'과 'How'의 의미를 던져 줍니다. 이제 우리가 무엇을 하면 되는지, 다음엔 어떻게 하면 되는지를 진취적으로 방법을 찾아갈 수 있습니다. 문제에 따라 적절히 방법을 구사하는 것은 대표님의 몫입니다."

"다소 난해하지만 문제해결 하는 데 아주 좋은 기법 같습니다."

"또 일에 대한 성과를 높이기 위해서는 문제 해결 능력이 필요합니다. 일명 '재치 지수'라고 합니다. 하나의 일을 처리하더라도 이 능력의 정도에 따라 그 결과는 천차만별일 것입니다. 여러 직원에게 한 가지 업무를 동시에 지시하더라도 업무를 대하는 태도에 따라 그 제품과 서비스는 질적이나 양적으로 전혀 달라집니다. 문제 해결 능력은 경험을 통해 얻을 수 있는 비장의 노하우인 것입니다.

'일일신우일신(日日新又日新)'이란 말이 있습니다. 날마다 새로워지자는 뜻입니다. 그런데 '일일학일일신(日日學日日新)'이란 말도 있습니다. 양주동 박사가 한 말로 '하루하루 배우고 나날이 새로워지자'는 뜻입니다. 호모 사(思)피엔스가 되려면 바로 이 문구를 가슴에 새겨야 합니다."

"오늘부터 호모 사(思)피엔스를 체득화시키겠습니다. 소장님, 저는 이제 하산해야 할 것 같습니다. 그렇다고 오해는 하지 마시고요."

"오해는 무슨 오해입니까? 짧다면 짧고 길다면 긴 대장정이었습니다. 좋은 기회를 주신 대표님께 다시 한번 감사 인사드립니다."

"저도 많은 것을 배우고 느낀 여정이었습니다. 그동안 감사했습니다."

둘은 파안대소하면서 아쉬운 마음을 달래고, 각자의 길로 향했다.

도상경영

인쇄일 2023년 1월 10일
발행일 2023년 1월 20일

지은이 최철호

펴낸곳 아임스토리(주)
펴낸이 남정인
출판등록 2021년 4월 13일 제2021-000113호
주소 서울특별시 서대문구 수색로43 사회적경제마을자치센터 2층
전화 02-516-3373
팩스 0303-3444-3373
전자우편 im_book@naver.com
홈페이지 imbook.modoo.at
블로그 blog.naver.com/im_book

*이 도서는 한국출판문화산업진흥원의 '2022년 중소출판사 출판콘텐츠 창작 지원 사업'의 일환으로
 국민체육진흥기금을 지원받아 제작되었습니다.

ISBN 979-11-976268-9-0 (03320)